民大记忆
珍稀手稿

中央民族大学民族博物馆藏珍稀手稿丛刊（1）

麽些族的生活

吴泽霖 著

中央民族大学民族博物馆 编

學苑出版社

《民大记忆》系列丛书学术委员会

主　任：张京泽　黄泰岩

副主任：邹吉忠

委　员：（按姓氏笔画排序）

刀　波　马文喜　马晓华　王丽萍　石亚洲

田　琳　曲木铁西　再帕尔·阿不力孜　宋　敏

张艳丽　张铭心　李曦辉　贾仲益

《中央民族大学民族博物馆藏珍稀手稿丛刊》编辑小组

组　长：张铭心

副组长：马晓华

组　员：索文清　定宜庄　张龙翔　卡丽娜

李少梅　李尔昌

目录

序

民族学前辈吴泽霖教授（1898–1990）留下的这部5万字手稿《麽些族的生活》乃是中央民族大学民族博物馆2015年推出《先生还在身边 民大名师纪念展》时，由吴泽霖先生的家属专程托人从武汉家中带来支持借展。手稿当时虽有装订，但没有系年没有参考目书难于『断代』，很像藏系佛教『伏藏』重光。但依据红格竖排每页十列的稿纸，蝇头小楷旁出洋文的写法，讲到纳西语时提到罗常培（莘田）先生，还有离文言不远的白话风格，都能透出满满的『民国范儿』。

馆长张铭心教授曾在故宫博物院浸淫文物多年，拥有东洋文学博士学位。他见手稿内容完整品相完好，心知因缘殊胜弥足珍贵，遂在征求家属的同意后，决定推出影印版以纪念吴先生跟本校的缘分，并嘱海洋写序简述背景和意义。

海洋遭逢『文革』入道也晚，无缘亲炙吴泽霖先生教诲，但也有师生名分责无旁贷：回想1981年秋季全国高校《攻读硕士学位研究生招生目录》，中央民族学院民族研究所民族学专业的导师团队格外抢眼：吴文藻、吴泽霖、林耀华、金天明四位教授合招四名学生。但龙平平、关学君、纳日碧力戈及海洋转年秋天入学时，吴先生已去中南民族学院一展长才，主持新建的民族学博物馆。四兄弟为此曾有憾意。

1985年初夏，龙平平跟海洋交上硕士论文初稿等待答辩时玩儿心大起，贸然答应北京市民委沙之源主任推荐，去给考察贵州云南少数民族教育的全国政协民族组领导当随员，行前且没敢跟导师请假。归来曾遭到林、金两先生轮番怒斥。那次行程某晚在贵阳花溪宾馆，正赶上吴先生从昆明主持方国瑜、江应梁接力合带的林超民博士论文答辩归来用餐。省教育厅民族处的杨处长（侗族）听说我俩跟吴先生有师生名分，便慨然引我们到邻座拜师。但见吴先生中等身材着米色中山装，身板挺直精神矍铄，圆头红脸慈眉善目，嗓音宏亮或因戴助听器。海洋两人当时只顾聆训感叹先生87岁高龄壮健，全不知他还有着异乎寻常的生命阅历。

三十年后信息爆炸，吴先生的手稿重光。他的身世地位、跟本校的缘分终于露出冰山一角：首先按年齿，他仅比学科奠基人李济（1896–1979）、徐益棠（1896–1953）两先生小两岁而居第三；再按清华年班，他又名列潘光旦（1899–1966）、吴文藻（1901–1985）之前而居第二。李济先生是1911年清华学堂首批学童，1918年赴美，四年拿齐三级学位且有文章深得哲学大师罗素赏识，1922年回国做殷墟考古；1948年解送故宫文物赴台滞留，生前曾两度代理『中央研究院』院长。

潘光旦先生1913年入清华，1922年赴美攻取生物学心理学一个学士两个硕士学位，1926年回国执教于东吴（教会）、光华（私立）等大学，1934年蒙梅贻琦校长召回母校倚为教务长，1956年为土家族识别知识贡献最大且因此受累。

吴文藻先生1917年入清华，1923–1928年赴美攻取达特茅斯学士、哥伦比亚博士学位且获哥大『近十年最优秀留学生奖』；1929年他随师母冰心就聘燕京大学，开创边疆民族研究社会学派，影响大西南和新中国民族学至今。1938年，他在云南大学主张边疆民族权益遭教育部挤兑；1940年乃随师母冰心转赴重庆就任国防委员会参事、蒙藏委员会委员、边政研究会理事并主持《边政公论》；1946年任盟国占领日本委员会中国代表团政治组长兼顾问；1951年回国到中央民族学院汇合燕京社会学民族学团队主持世界民族研究室、编审中国边疆和多本世界史译稿，特别负责审订《辞海》和《中国大百科全书》世界民族领域词条。

吴泽霖先生考入清华（1913）和赴美留学（1922）均与潘先生同年（其间潘因踢球伤腿休学一年，吴因声援邻校教授索薪『同情罢考』领罚一年）。1922–1927年，他在威斯康星、密苏里、俄亥俄三所大学主修社会学副修人类学，五年拿齐三级学位，再取道欧洲考察英、法、德、意，然后回国在扬州中学教心理学半年，1928年，先生就聘私立大夏大学（上海）教授出掌社会学系。〔二〕此后他扎根大夏不顾母校清华和名校燕京礼聘，仍始苏州河『船户』（疍民）研究，发表『积极的边疆政策』，出任文学院长兼教务长，并且跟孙本文、陈达等前辈联手创办东南和中国两个社会学会；1937年春，他邀请『西南夷族代表团』女土司高玉柱讲演，吁请南京政府承认南方民族权益；又配合战备考察『京（宁）滇公路』；同年8.13淞沪战败，吴先生随『复旦大夏第一联合大学』内迁贵阳花溪，奠定贵州大学根基；次年率学科新锐陈国钧（1915–？）、岑家梧（1912–1966）创办大夏大学社会研究部，带出贵州民族研究团队，推出《社会旬刊》《贵州苗夷研究丛刊》《大夏研究部乙种丛刊》《苗胞影荟》等书刊，还亲身考察贵州苗夷语言民俗情况，重点研究过黔东南清水江、黔西南北盘江流域苗、水、布依民族文物文献。

1939年日机轰炸贵阳殃及吴宅，间接导致师母病逝。吴先生1941年辞去夏大职务出掌西南联大社会学系推动应用研究两项：一是1942年暑期主持创建战时云南『边胞服务站』建设，其中第一站就设在丽江并指导多个学生团队到各县做教育医疗服务兼事调查；二是1943年主持战时昆明译员训练班，培养3000多名中英文翻译。眼前这部手稿因而应成于1943–1944年（后详）。〔三〕

吴先生且对民族文物文献情有独钟，所到之处都有收集展示，所在机构都创办文物室为博物馆雏形。1946年清华北返开办人类学系。吴先生任系主任兼教务长，费孝通副之。[三] 他在岗上与潘光旦、费孝通共同收集台湾少数民族文物。1951年新中国高校院系调整，吴先生与潘、费同来本校并携来清华文物室的台湾高山族精致木雕。吴先生此时任职颇多：包括本校研究部文物室主任兼中央民族博物馆筹备组长；中央民族访问团贵州团副兼民族识别专家；西南民族学院教授兼民族文物馆长（1953–1958）；中科院民族研究所研究员兼南开大学教授（1956）；还曾给全国少数民族社会历史调查团队讲授民族文物课（1956）。1957年3月，深得毛泽东、李维汉赏识出任中央民委副主任和外专局副局长的费孝通乐观预报『知识分子的早春天气』，且协调本校师辈争取社会学恢复，没想到迎来严冬逆袭：[四] 1958年中国民族学界圈出五大右派：吴泽霖、潘光旦、黄现璠、吴文藻、费孝通。其中仅第三位黄先生是广西壮族北师大出身，时任广西、中山等大学教授。[五] 其余四位均出自清华，均落马于中央民族学院，家乡均在江左（苏南）一角：常熟吴泽霖最北，宝山潘光旦最东，江阴吴文藻最西、吴江费孝通最南。本校当年风水由此可见一斑。

吴先生1958年在西南民院任职时戴上右派帽子，履历再次简明：1960–1965年恢复本校教职；1978–1982年再次恢复本职及社科院兼职。1958–1960年、1966–1978年这两段空白显然都在当『运动员』。1978年后吴先生再次繁忙：出任中国社会学、民族学、人类学、民俗学、世界民族、西南民族、南方少数民族哲学社会思想、北京市社会学等学会、协会、研究会的顾问或副会长；1982年担任中南民族学院教授、学术委员会副主任并有湖北省和武汉市社会学会兼职。直至1990年8月2日病逝。这最后12年才是他安生治学的最好时光。吴先生身后留下的著述除了博士论文《美国人对黑人犹太人和东方人的态度》（英）和贵州民族研究成果，还有《社会约制》（1930）、

《现代种族》(1932)、《社会学及社会问题》(1935)、《世界人口问题》(1937与叶绍纯合作)等专著，且有『边疆的社会建设』(1943)、『从麼些人的研究谈到推进边政的几条原则』(1946)、『边疆问题的一种看法』『少数民族问题』(1947)等论文。其中且有『我们需要的是民族间意识上的团结，而不是形式上划一的汉化。这是主持边政者应有的一种认识』的金句。他对世界民族始终关注：发表过『现代种族敌视的起源』『马来亚半岛的西孟族』『萨幕亚人的生活』『菲律宾独立问题』『犹太民族史中独呈异彩的一章』等文章。先生晚年常叹生平颠沛手稿多半丧失，从未提起这部书稿。本文当务之急还是把出版影印本的三个关切说清：一是成稿年代；二是写作特点；三是意义和地位：

一、成稿年代

基于前述，这部手稿应是吴先生在中国抗战从『僵持』转入『反攻』的1943—1944年间，即西南联大社会学系承担『战时边胞服务站』与『昆明译员训练班』两项事业相衔之际：理由之一是它的结构完整面面俱到，布局谋篇兼有实地感和系统性。前者必有作者亲身参与观查；后者须有边胞服务站学生团队助力。吴先生在贵州已是民族志写作高手，但初到西南联大主持新系也不可能长时间脱岗，因而须参考学生作业；理由之二是1945年的《边政公论》第4卷4、5、6与7、8两次『合刊』曾经连载『麼些人之社会组织与宗教信仰』，1946年又刊出『从麼些人的研究谈到推进边政的几条原则』。这两篇文章均基于这份手稿（后者即手稿写得仓促的结论部分）。民族出版社1991年推出的《吴泽霖民族研究文集》已收录这些内容。贵州财经学院聂浦生教授对此且多有阐释可供参考。[六]

二、写作特点

手稿章节题目从民族来源、地域分布、衣食住行习俗、经济社会状况、婚姻家庭亲属、社会政治组织，再到人的生老病死周期及婚丧仪式，结尾且有边疆政策建议强调应用取向。全书概有四个特点：一是有几十幅方寸小楷随手画出的房屋格局、生产生活器物素描，稚拙传神显示『博物学』功底；二是手稿并非一气呵成因而有字体三变：主体尖角字显示创作常态；中间半尖半圆字体美感最强，显示悠然心境；结语的圆角字体书写仓促难于辨识显示作者急于脱手。其间或有重要变故穿插导致迁延；三是手稿仍有几处手民之误：例如『炕』写成『坑』『垮』写成『誇』『三四十户』写成『三十四户』等；最后是作者对纳西族习俗观察描述细致入微：包括门前和屋内左男右女两柱（类似朝鲜族的『天地两将军』）、包括藏传佛教寺院活佛喇嘛人数、包括村民迷信『毒药母』下蛊及除蛊秘方、包括家屋灵位『树箭』青黄赤白等五色、包括丧礼送魂程序复杂周到：配偶中后死者的灵魂要先由经师引导去见配偶报到，然后再去跟父母宗族祖先团聚。如此等等。

三、意义和地位

中国纳西族人口不多著述不少，近年且有电视剧《木府风云》家喻户晓。但 1943 年前它还不太为外界所知，且信息多由洋人披露。美国人约瑟夫·洛克（Joseph F. Rock 1884–1962）是纳西学鼻祖。他游历考察藏羌彝走廊兼标本采集近30年常驻丽江20年（1929–1949）。下图是他采集的大鸟标本，让人想到川西地名『邛』字之多。

洛克的《贡嘎神山考察记》1934年在中国《地学季刊》一卷二期发表。两卷本《中国西南古纳西王国》(*The Ancient Na–khikingdom of South–West China*) 1947年列入《哈佛燕京丛刊》第8卷。全书29章分入六篇：导言、云南省、丽江历史、丽江地理、丽江迤西和西北地区、永宁史地、盐源县史地；两卷本《纳西语英语百科辞典》(*A Na–khi English Encyclopedic Dictionary*) 更作为东巴文权威列入《罗马东方丛书》（1963、1972）。

第二位著名洋人应是以丽江为家、认同纳西族且用英语写作的俄国流亡者顾彼得（Peter Gullart 1901–1975）。他并非学者但跟学科前辈史禄国（1887–1939）都是俄国贵族后裔，都因十月革命举家来华避难客死异乡。顾彼得外婆家曾有买卖做到中国的蒙古、藏区及杭州。他从小听外婆唠叨中国心生暗恋，后来母亲客死上海又使他迷恋道观文化，中年参加国际援华NGO『工合』组织服务到大西南。1939–1940年，他考察过凉山彝族见到过末代土司岭光电（1913–1989），著有《忆往昔》，1955年出版《彝人首领》（和铿宇译，云南人民出版社2004）；此后连住丽江九年，1961年出版《被遗忘的王国：丽江1941–1949》（李茂春译，云南人民出版社2007）和《神秘之光：百年中国道观生活亲历记》（1959，和晓丹译，云南人民出版社2002）及《在马来西亚沙捞越地区的经历》（1975）。但云南丽江才是他念兹在兹的心灵家园香格里拉。

丽江扼守西南丝路要冲，纳西族对五方之民司空见惯，对洋人也不觉眼生外。顾彼得在这里活成普通居民：一面创办『工合社』服务社区，一面用美国红十字会捐助

的药品悬壶济世积累人缘，直到能到各家随意串门参加婚庆丧礼，跟当地人荣辱与共分享喜怒哀乐。他概括丽江人的幸福观如下：要有牛马成群，有田地果园，有房屋宽敞，有妻子迷人，有儿孙满堂，有粮食满仓酥油满桶，有强旺性欲遍地酒坛，还要有好伙伴接连举办野餐舞会。丽江人认为基督教禁酒禁烟禁娱乐是『让人活着受死罪』，且相信死者不在蓝天白云之外而在阳间附近。人离开这个世界也是去跟前辈聚首团圆。丽江人把时间看成让人享受美好事物的良师益友神奇资产：眼见一丛玫瑰花，一股清溪水，一座云雾山、一行高飞雁，都能驻足凝视流连忘返。这样的丽江就是天堂。顾彼得在此生活十年如同一年。他还跟洛克博士过往甚密，常帮他翻译打印文稿。他的《被遗忘的王国》出版题词也『谨以此书献给约瑟夫·F·洛克博士。』[七] 1949年中国改天换地两人都离开丽江：洛克回国，顾彼得移民新加坡：直到1975年病逝终生未婚。相比之下，在华传教37年住四川36年，专做西南考古和羌族研究的华西大学教授兼博物馆长葛维汉（David Crockett Graham1884–1962）1948年退休回国可谓适当其时。

各路洋人汇聚丽江之际，中国学界也冒着抗战烽烟急起直追：首先是丽江方国瑜（1903–1983）先生1933年从京师大学和北京大学返乡调查，1934年6月编成《纳西象形文字谱》且有章太炎作序称为『先导』，奠定后来『纳西语言和历史学研究之父』和『南天泰斗史学巨擘』的根基。

最先考察丽江的内地学人陶云逵（1904–1944）原籍江苏寄居天津，1924年入南开大学，1927年赴德国柏林、汉堡两大学攻取民族学人类学博士学位。1934年入职中央研究院史语所，后跟凌纯声调查丽江、中甸、维西及滇缅滇越边境两年。1940年，他从吴文藻手中接掌云南大学社会学系主任且兼任西南联大教授、南开大学边疆人文研究室主任并主编《边疆人文》杂志，三年油印3卷18期。第1卷第2期刊出『西南部族之鸡骨卜』，认定汉人

『鸡卜』之法从边疆民族传入。这是现代中国民族学研究纳西族和傈僳族开山之作。他的调查报告包括『几个云南土族的现代地理分布及其人口之估计』、『碧落雪山之傈僳族』、『几个云南藏缅语系土族的创世神话』、『车里摆夷之生命环』等，散见于《西南边疆》、《边疆人文》。《边疆人文》后来转而关注边政实务，陶云逵曾写有『边疆与边疆社会』、『开化边民问题』、『论边地汉人及其与边疆建设之关系』、『论边政人员专门培训之必须』等文章。其中金句之一是：『我们的边疆政策，弊病在于单边的，仅顾政府一方面意旨而未从边民意旨与生活实况着想。』这些成果收录于李东晔近年整理的《陶云逵民族研究文集》（民族出版社 2012）。

河南辉县学人李霖灿（1913–1999）则是纳西学界尊称的现代中国『东巴文化之父』。他原是国立杭州艺专学生，后因战乱随学校转移长沙，曾跟同学相约，用学校发给的长途车票钱徒步跋涉到昆明。1938 年毕业时，他在昆明见沈从文展示的几卷东巴象形图文经典后大受感动，遂北上丽江学习纳西艺术收集东巴经书，其间受到中央博物馆聘任。1943 年 9 月，他跟纳西族经师押运几十匹马驮的经典图册祭器，行程两个多月到中央博物院筹备处报到：先从丽江泸沽湖过盐源到西昌，再去乐山转船到宜宾李庄，交上东巴经典 1231 册并据此写出《麽些象形文字字典》（1944），转年又写出《麽些标音文字字典》（1945）。前者且经李方桂审读并有董作宾、李济作序。中研院赴台后，李先生又奋力译注纳西经典 20 余部并升任台北故宫博物院副院长，直到 1984 年退休来回归绘画艺术教学研究。[八]

1942 年的丽江古城（大研镇）规模有限。吴泽霖先生在此不难跟洛克、顾彼得、李霖灿等见面。大家都存心书写丽江纳西故事但问题意识关注焦点各异：洛克要写好人文地理报导；李霖灿要学好纳西语文阐释东巴经典；顾彼得要守护香格里拉世外桃园；吴先生则想发展边胞经济社会，跟顾彼得的关怀相映成趣。

《麽些人的生活》作为民族志多处强调边胞生活穷苦艰困，主张移风易俗改进经济条件推动边疆福利。但移风易俗亦当潜移默化不能操之过急，靠当地人自觉自愿逐步实现不可操之过急。《被遗忘的王国》虽是游记却写出了丽江的生活世界人生真谛，极富温馨感洞察力。后人不禁遐想：世人对生命对他人对世界如果能像纳西人那样雍容通达，世上的海量国防维稳经费或可用于正能量建设。

吴先生这部手稿写成时间最早且最具现实关怀暨边民边政经济社会发展意识。若非当时中国内忧外患战乱频仍，这部纳西民族志发表或有先声夺人之效。中外协力的纳西族研究高潮或许能在1946—1947年形成。吴先生更能蜚声纳西学界。但转念再想，整个中国的边疆民族研究，包括吴先生从社会学向民族学的转轨，都跟全民抗战国府西迁的背景相关。况且吴先生的民族学和民族文博权威地位早已在贵州确立，且《边政公论》已将手稿的主要内容披露。吴先生的声名亦不靠一两部专著而有增减。

中华人民共和国随后开展的民族识别和少数民族社会历史调查，不仅跟吴先生当年写纳西人生活的问题意识接近，而且有中国共产党推动实施的民族区域自治政治纲领和制度建设实践。吴先生本人积极投身这些活动，亲眼看到新中国各民族平等团结共同进步的成就，看到纳西族学者队伍的成长。《麽些人的生活》手稿的真正价值因而不在一时一地，而在于验证学人学术的主观努力与现实世界结构需求的吻合程度。放在长时段大范围的视角下观察，吴先生这部手稿所记载的抗战时期纳西人生活状况，所预示的边疆经济社会建设发展需求，后来都得到实践验证和制度保障。吴先生早年参与筹建的中央民族博物馆愿景，仍是中国学界念兹在兹的文化建设标竿。吴先生为之奋斗一生的中国社会学和民族学人类事业，也仍然需要后辈学人发扬光大以期行稳致远。[九]

张海洋

2017年6月10日
于中央民族大学

[一] 厦大 1921 年创办（跟共产党建党同年）；大夏 1924 年创办（跟国民党一大同年）：当年厦大 300 余名非闽藉师生抗议校长林文庆偏袒，然后负气出走沪上倡办大夏（厦大之反）。幸有黔西南名士、同盟会元老、交通大学校长王伯群（1865–1944）仗义捐资出任校董。1937 年大夏复旦合组第一联大西迁贵阳，1940 年后为策安全又拟迁赤水。王校长为此筹划奔波竟致力竭陨命。1951 年后高等院校院系调整，大夏光华等多所私立大学汇入华东师大，2012 年重建人类学研究所接续香火。

[二] 互联网『西南联大』条载：1940 年 6 月西南联大遵教育部令，文学院历史社会学系分为历史学社会学两系。1941 年，社会学系划归法商学院（辖五系政、经、法、商、社）。社会学系教授陈达、潘光旦、李景汉、李树青、陈序经、吴泽霖、陶云逵、费孝通。吴先生次年创建边胞服务站项目运行至 1946 年 2 月。

[三] 参见《人民网》2005–4–29『朱学勤访谈费孝通』（访谈时间 2000 年 3 月底 4 月初）。费宗惠大姐讲 1952 年院系调整前，费孝通、钱伟长分掌清华大学文理两科教务。

[四] 费先生关于他在中华人民共和国成立前后跟毛泽东、李维汉、彭真、邓小平交往的口述出处同上。

[五] 黄现璠（1899–1982）广西扶绥壮族，著名民族学、历史学、教育学家：1922 年就读广西三师，1925–1935 年就读北师大预科、本科、研究生，师从陈垣、钱玄同等先生九年；1935–1937 年到日本东京帝大留学两年，归国后成为中国南方民族研究、民族识别和民族史学权威，曾任广西大学训导长，曾力证『中国古代无奴隶制』并据此力创史学八桂学派。1958 年除了是民族学界右派三号，还是史学右派『头号』。

[六] 参见聂蒲生：『抗战时期吴泽霖教授对麽些人开展的田野调查研究』，《广西民族大学学报》4/2007；『……在云南开展的民族田野调查研究』，《青海民族研究》。另见《吴泽霖民族研究文集》，民族出版社，1991 年。

[七] 参见何云波『顾彼得的中国书写』，《中国社会科学网》2015–8–12。

[八] 参见杨福泉：《绿雪歌者：李霖灿与东巴文化》，云南教育出版社，2000 年。

[九] 笔者以为中国民族学、人类学奠基应为李济、徐益棠先生。社会学源头概有北大孙本文（1892–1979）、黄文山（1901–1988）；协和学院李景汉（1895–1986）、燕京大学许仕廉（1896– 抗战前赴美）、清华大学吴景超（1901–1986）等。吴泽霖先生早年做社会学，1937 年到贵州云南做应用民族学，在两学科间交叉最深。

麼些族的生活

吳澤霖

第三節 其他婚俗
第四節 生育
第六章 丧葬
第一節 斷氣時情形
第二節 開喪
第三節 葬禮
第四節 斷孝
第七章 節令及娛樂
第一節 節令
第二節 娛樂

第八章 結論

第一節 吾人對麼些族的基本看法

第二節 政府對麼些人應有的協助

第一章 緒論

第一節 民族發展及分佈

麼些人亦稱摩娑人是雲南邊民的一支他們自稱為「拿喜人」根據他們的意思來說「拿」就是「黑」而「喜」就是「人」連起來說就是「黑人」的意思這是一種說法。

查滇西鄰近的人民皮膚特別蒼黑的有印度人緬甸人及一部份的安南人因此有人主張麼些人既自稱為「黑人」或者他們的祖先來自緬甸和或印度一帶他們到達滇西一帶後與漢族對照之下顯得較黑於是漢人即稱之為「黑人」久而久之他們也就拿「黑人」來自稱但目前拿喜人的體格與附近的漢族沒有多大區別，就在皮色方面也並不比漢人更黝黑所以這種說法亦不足以証明他們的來源。

又有人從語言方面來推測拿喜的意義，據說明朝初年拿喜的酋長木氏曾經派了使者上南京朝貢，正好那時朝廷下令應天府人民往雲南遷徙，他們就帶領了許多下江人來此，「拿喜」或即是「南京」的變音，這也不過是一種傳說，歷史上恐不一定能夠証實。

更有人說拿喜土話中的「不知道」一詞與「拿喜」二字的音相同，漢人來麗江一帶後與土人接觸時，不論購物或談話，雙方都會感到通話的困難，客人如有詢問，土人常以「不知道」答之，外人不知其所以然，或因其聽到特多，故就以拿喜一音來稱呼對方，因此拿喜即成為麼些人的代名詞，這也不過是一種傳說及推測。

麼些人在滇西，歷史較漢人為早，典籍上即所謂爨人，屬於爨系的一支，但他們並不是滇西的土著，原來的居留地尚在康藏一帶，唐朝以前盤據金沙江左岸及雅礱江流域（即今四川雲南與西康三省之交界地）西以鹽源為中心，嗣後漸漸向南遷徙，一部份從鹽邊永勝至姚安，另一部自打冲河鹽井河一帶移殖到木里永寧麗江來，至麗江時當在唐武德年間（七世紀初），陶雲逵先生在摩娑之名稱分佈與遷移一文中曾有下列一段的說法，以民族大系統之關係言，麗江一帶摩娑與瀾滄以西順寧雙江一帶漢名倮黑——自稱喇呼——之土族其在體質上語言上習俗上頗有相同之點，阿卡人稱倮黑為摩娑，我們再拿他們的遷移路綫來說，還是在唐朝貞元中（八世紀末）南詔破了西戎麗江一帶的麽些人就遷移到昆明等地其路綫經祿豐一帶從唐代到宋代（七世紀到十三世紀）復由昆明遷向澂江玉溪江川等地宋代中葉時（十世紀中）一部份更南移到元江一帶原在永仁姚州之間的麽些在五代唐朝或者是為了戎事自動或被動地搬至瀾滄江西緬寧等地或者其中有一小部份就在這時遷至保山其餘的就漸漸蔓延到清朝嘉慶時候（十八世紀）其散佈區域已經很廣順寧鎮康緬寧雙江瀾滄等各縣屬的山嶺都有麽些人的居住從嘉慶四年（一七九九）至民國七年（一九一八）倮黑屢次叛亂前後計有七次之多幸而都被政府討平所以從清光緒初年以後麽些族就絡續向南遷從一直達到緬甸骨東一帶及暹邏之景邁而在姚州之另一部份麽些大約在唐初復西遷

到麗江明朝萬曆年間（十六世紀末到十七世紀初）麗江的摩婆被其酋長木氏遣戍到維西一帶一直下來現在怒江以西貢山設治區北及德欽設治區蘭坪縣等處都還有麼些人居住他們的人口總數在雲南境內的約有十五、六萬之多至於麗江邊境的麼些人都說是清乾隆間或者由白沙向西遷移或由南山向西北遷移一部由於被調戍邊一部由於自動殖邊其中遷至巨甸及魯甸一帶邊地的人數最多）

斯格德稱麗江一帶之摩婆是倮黑在中國之同族此外在永寧有名呂希之土族漢人亦名之為摩婆拿喜喇呼呂希似為摩婆族之

三大支系。

麼些人說的語言與漢人說的完全不同所以從他們語言上也可以

得到一點民族來源的線索在雲南一省內語言系統非常複雜，自英人戴維斯Davis首先加以系統研究後，國人丁文江凌純聲陶雲逵李方桂馬長壽羅莘田等紛紛補充分析，除漢族的語言外目前多數語言學家所承認的為下列的分類：（參閱羅莘田：從語言上論雲南部族的分類，見邊政公論第一卷第七八期）

甲、漢藏語系

一、撣語組

1、仲家支—a、仲家 b、儂人 c、沙人

2、擺夷支—a、擺夷 b、呂人（水擺夷）

二、苗傜語組

三、藏緬語組

1、倮倮支—a、倮倮 b、窩泥 c、栗粟 d、倮黑 e、阿卡

2、西番支—a、西番 b、麼些 c、怒子

3、藏人支—a、古宗

4、緬人支—a、俅子 b、馬魯 c、喇奚 d、阿繫 e、阿昌

5、野人支—a、卡欽

乙、南亞系

一、蒲人支—a、蒲蠻

二、瓦崩支—a、卡拉 b、瓦卡 c、崩竜

(註)民家語因與各民族接觸的結果，其語言已無法自成

一獨立的系統。

拿語言来追溯民族的来源及辨別種族的支系不過是一種可能的工具，但也有許多限制，並不是無條件可以接受的，因為語言是一種文化的事實，不是生物分類的標準，但人種分類是生物的事實，二者之間沒有因果的關係。民族遷移及與其他文化發生接觸時可能發生極大的變化，有些民族把原来的語言整個都忘掉了，而血統成份依然如舊，有的民族血統發生了很大的變化，但語言則一仍其舊，所以語言的比較僅不過供給我們一條線索，並不能把牠當作民族源流証據。

麼些族目前的分佈中心，是在東經九十九度二十分到一百度二十分，北緯二十六度三十分到二十七度十分之間，以四川西康雲南三省交界區

麽些民族分佈圖

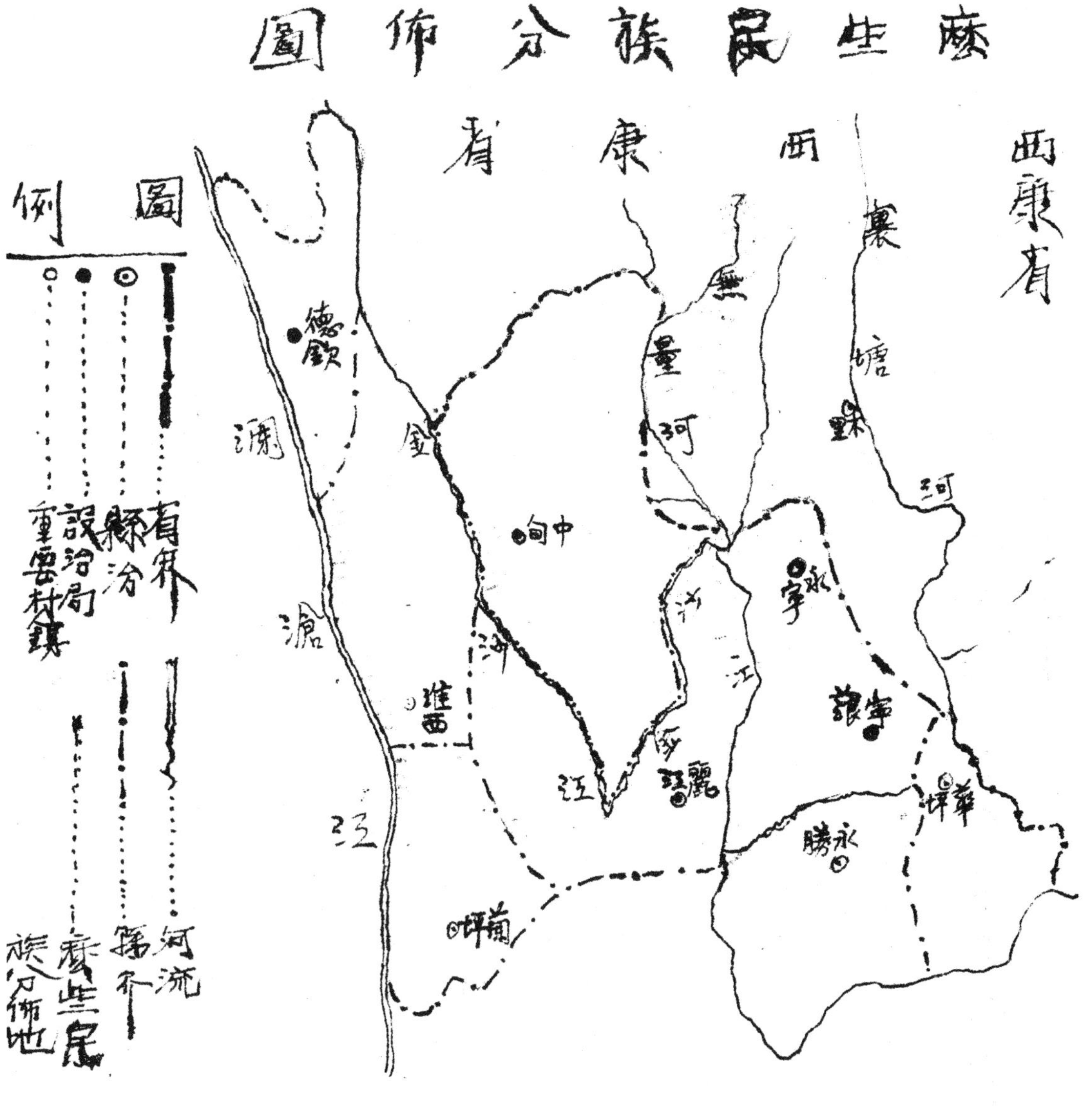
西康省
西康省
德欽
中甸
維西
麗江
寧蒗
永寧
華坪
永勝
蘭坪
瀾滄江
金沙江
無量河
圖例
省界
縣治
設治局
重要村鎮
河流
縣界
麽些民族分佈地

為他們的集中地帶，中甸的北地維西的葉枝則那白帕橋頭岩瓦永勝的西境永寧全部鹽源北面的大則瓦耀等處都是他們的居住區域，人數最集中的地方，則要推麗江全縣，尤其第五第六兩區。

第二節　地理環境

我們在中國西南區旅行時，常常翻越一座高山或渡過一條河流，就會發現二面居民的語言服裝，甚而房屋的結構，會迥然不同。這樣狹窄的區域，歧異性可能的解釋，當然也很多。特殊的地理環境實在是決定因素之一。這些土著人民原來佔據的地盤遠比目前為遼闊，但是與漢族接觸的結果，免不了摩擦衝突，一部份在人數及文化較為優越的漢族壓力下同化了，另一部份則退避到交通不便的遥遠地帶居住起来，這些地帶不是地點過於偏僻，就是土質不够肥沃，物產不够豐富，氣候不够溫和，這種欠佳的地理環境，一方面阻撓了他們可能的發展，一方面却保障了他們生活的安全。他們在這裏集中起来，繁殖起来，原来的生活型態，在這種隔離狀態之下大部份得能保持下去，但為了適應新的環境，生活方式也發生不少的變化，而形成了各種不同的型態，所以我們如要明瞭這些人的生活情况，對於他們的地理環境，不得不先有所瞭解。

我們在上面已說過，麼些族的集居地在麗江，本調查的範圍亦限於麗江的南山，所以我們在本節中，就將麗江的地理環境畧加叙述。

麗江位於雲南的西北部，自東經九九度二〇分至一〇〇度五十分四十秒，

中央民族大学民族博物馆藏珍稀手稿丛刊（1）

北緯二十六度二十分至二十八度十八分，東南距昆明約一千四百華里，全部縣境都在金沙江以南，故金沙江變成了他的天然境界。該江自西康東南流入雲南境，在麗江的石鼓處作一急折轉而流向東北，據地質學家的研究，長江之所以這樣急折者，恐係奪河現象，在遠古的時候，長江的河道，必然是自石鼓順着東南的方向流經現在的紅河而入南海，由於河流的侵蝕，始形成了今日的河道，終於歸入東海，構成了今日長江中下流的肥沃平原。金沙江既為全縣的主流，故除石鼓以南漾濞江的上游，自北而南流入洱海及瀾滄江外，其餘縣屬內的河流均流入金沙江。

麗江全境多山，地勢高峻，除金沙江沿岸外，全縣海拔均在二〇〇〇

公尺以上，縣城的高度為二四九九公尺，在金沙江急折的石鼓則為一九三〇公尺

主要的山脈，為玉龍雪山脈，源來自中甸高原，因受金沙江斷層的影响

将其分為南北二部，江北在中甸境内者稱為哈巴雪山，江南在麗江境

内者為玉龍雪山。玉龍雪山的主峯，據奧人 Handel Mazzetti 的測量，高度為5450公

尺，美人 [illegible] 的測量為 18000—19000 英尺。雪線約在 5000 公尺左右，峯尖四五公尺

終年積雪不消，周圍數百里内都可望見，這主峯聳出雲際。次要的

山脈為雲嶺山脈，介於瀾滄江與金沙江之間，由西康斜向東南，經過

麗江的西境，在縣内的主峯為老君山。

麗江全境既多山，平地面積較少，位於山間者為山間埧子，其中以麗

江埧子為最大，縣城即在這埧子上。另外一種平原為極美麗的三角形埧子，

為沿金沙江的沖積扇。每一壩子與另一壩之間，隔以一段逼近江流的陡壁，有狹窄的小路沿壁貫通各壩。

根據緯度，麗江屬於溫帶區域，但因境內地勢高低相差甚鉅，沿江一帶夏季悶熱，以石鼓為甚，蓋地勢既低，周圍又有高山環繞，風流不能暢通。但玉龍山峯則終年積雪，儼如寒帶。大部份區域內的氣候，與昆明相彷，無嚴寒酷暑。這對於人民的生活上，當然是一種極大的便利。

自然植物在這種氣候之下，種類必然繁多，而麗江所以被稱為世界上植物種類最多區域之一，尤以花類為最繁多。高山上則尚存有原始森林，如以玉龍雪山為例，山脚為杜鵑花，其次為青松林，更上則為極耐寒之鐵樹林。現全部均屬於國有森林區，自然植物既甚繁多，山貨藥品的出產自亦豐富，以黃連貝母秦艽為巨宗，每年輸出量約以千萬元計，對於本地人民的經濟生活不無相當影响。

農產以旱地作物為主，麥及包谷出產最多，水稻的產量較少，一則由於溫度不够，二則因為水利不宜，二者之中尤以水利的關係為要，惟據各方調查，至少有三處無水利工程，如能加以改進，最少可以灌溉三萬五千畝荒地，這對於當地人民的生活上可能有很大的影响。

礦產對於人民生活的影响比較微小，比較間接，在麗江礦產根本不甚豐富，所以對於本地人的生活似乎沒有密切的關係，金沙江顧名思義應當充滿着金沙，在這金價高漲的時候似乎可以大規模的開發，據金礦公司王光工程師的估計，在大具一帶含金礫石量共一五〇〇万

○○○立方公尺，合計二七、○○○、○○○噸，以每噸含有金質二分五厘計，可得六七五、○○○兩。惟純賴土法開掘冲洗，消耗人力時間，往往得不償失，所以本地人民很少再從事採金活動。此外，栗粟寨迴龍塲產銀鉛礦，東山產磷灰石，拖坡甲卧点石大平塘魯甸山大具里岩子村東山里高幸行石鼓里華路瓦等皆有零星鐵礦發現[老]，鶴君山的周圍有錫礦，麗江城以東沿江的山地中可能有煤田，惟這些礦產都待精密的試探及現代方法的採掘，始克有利可圖，否則仍只好利棄於地耳。

滇西多山，山坡的草原，適宜於畜牧，麗江自不能例外，所產的馬牛[騾]羊品質雖不及德欽中甸[等處]所產者，但較諸內地則較良多矣。羊毛產量影响當地人民的服飾，南山一帶人民的衣帽，均以皮氈製造溫暖耐用，亦即就地取材的效用，除此以外，畜牧牛羊的副產品——乳酪，在麗江一帶出產較多，所以在他們的食料中佔着重要的地位。衣食的詳情在下章内再行申述，此地所提到的不過是一個原則——人民生活的型式多少是受着地理環境所影响的。

第二章　衣食住

第一節　飲食

麼些族飲食每日普通三餐，早飯多半是乾糧，大約在八點鐘左右；午飯在正午，晚餐在天黑以後，八時左右。一般鄉人，或在田中工作，或到山上砍柴，或在山坡放牧，離家既有相當距離，回家時就已是黑濛濛的初晚，等到飯菜煮就，必定已相當的晚了。三餐中以晚飯為一天最主要的一頓飯，主要食糧為麥類，米飯較少，多半在宴客或過節的時機才煮食。金沙江邊一帶及麗江垻子上產米特多的區域及住居麗江城附近的麼些人每日至少喫米飯一餐，餘則仍食麥麵粑粑，其他山區遠僻的地方，既不產米，連麥類都不適宜，當地人雖仍食三餐，但以包谷或苦蕎及燕麥為主要食料，次要的食糧多半為豆類，諸如黄豆豌豆蠶豆雞豆。山間不產豆區，則以蔓菁（團蘿蔔）及馬鈴薯為次要食品。

玆把麼些人各種最普通食料菜蔬種類及其製法，分説如后：

燕麥　炒後或磨研成粉，可以乾喫，或和水而下，早餐都用此項食料，客人到時每盛一碗招待。

青粿　（與上同）

大麥　（與上同）

小麥　先磨成粉可製餅或饅頭，家境富裕者常吃。

蕎麥　磨粉後作成粑粑，普通人家均用，有時放入鹽巴少許，請客人時，常略加蜂蜜。

洋芋（以水煮熟不去皮，貧窮人家不加盐一頓可喫十餘枚，糧食缺少，常拿它来作主要食料）

米　除產米區外，過年節或宴客時才用，一般都蒸食，

不用煮法。

豌豆　炒後磨成粉，和以燕麥青稞大小麥乾喫。

包谷　磨成粉做成粑粑烤食或煮食均可，富有者將包谷粉和於米內蒸熟當飯喫。

高粱　先磨成粉做成圓子，或煮或煎。（此種食料限於高坡地帶）

小米　餵猪餵雞，餵雞者生食，餵猪者煮熟，人很少食用。

雜豆　大小與辣子核相等，形帶扁圓之豆類，以之煮食或磨成豆粉，均甚可口。

菜類　除有採自山野者外，大都均自種自給，最普通者有蘿蔔、蕪菁、南瓜、青菜、四季豆、白菜、辣子、蕨菜（野生）、菌子（野生）、黄豆（作豆腐及豆芽）、萵苣、茄子、茼蒿菜、番薯等等。吃時除辣子外，普通有一菜一湯，家道小康者常有鹽菜、乳腐伴飯。鄉區較貧的麼些人飲食方面更不講求普通先煮蔓菁片於鍋中煮沸後即調以包谷或燕麥，有時用水調和及成為蕎麵，捏成圓餅埋置火台中的熱灰內，上燃以火，餅炙透在下面，取出即可乾喫。

其實，食物的種類與漢族沒有多大的區別，經濟情形較好者，肉類亦常食，如遇請客讌會，雞肉當為必不可少的條件，即使沒有鮮肉，至少備有腊肉可以享客，　在拿喜人中，每家於年底殺一豬製成腊肉，以保下年全年之用，富有者常殺二三豬，即赤貧者亦必設法購豬肉二三十斤以備後用，往昔流行一種「琵琶肉」，以豬去骨，內外塗塩，以線縫合，壓扁後貯藏，可備數年不壞，近年來一般人家已不做琵琶肉，而僅做腊肉。

逢年過節的佳肴大都限於猪肉腊肉雞肉，近水的地方魚類亦常食，以鰤魚為最普遍。羊肉牛肉限於秋冬二季，牛肉有一部份人不食，尤以老年人為多，他們以為牛助人耕種，有不忍食之感，惟少年人中已不大顧及這種禁忌。

鄉間烹飪，喜煮燉，亦常用火烤，近来煎炒法亦很普遍，所用作料與他處鄉間相同，除盐及辣子外，醬油香油及香料等不常使用，炒菜概用猪油，絕不用菜油，或其他植物油類。

主要的飲料為茶和酒，一般人口渴時僅喝泉水，山區泉水大都清潔可口，故患腹瀉者並不太多，老年人喜飲茶，茶葉大都從街子上購買，惟間或亦有自採自製者，煮茶用一極小的茶壺，常川放在火塘的旁，

邊。煮成極濃的茶漿，飲時可冲淡，賓客來家，必先以茶敬，又有一種酥油茶
半屬飲料，半屬點心，製法先以沸水煮茶，加入少許酥油，灌入木製的酥
油筒內，復加少許胡桃仁末，即以木棍在筒內抽打起沫，即可倒出享客。
第二種飲料為酒，拿喜人一如其他邊民，酷嗜飲酒，並且酒量也很
宏大。故酒的消耗在他們裡面數量確實是很大，稍上一點年紀的人，幾乎
每餐都要喝幾口，到農忙插秧的時候，下田的男女在天色曦濛中就
得開始他們一天辛苦的工作，或許是為了禦寒取暖的緣故（作用），一起來
就得喝些酒，唱唱談談，過了一二十分鐘才出去插秧，到了中午又得
喝一次，以不醉為度，晚間回家，勞頓了一天，自然又得喝上幾杯來自己
慰勞一下，倘若出去做客，趕街，或遇着婚喪節令，那正是痛飲的機會。

酒是由大麥蒸溜而成的，間或用高粱及包谷蒸溜者，性均強烈。富有者自家釀製，普通人家都至街上購買，平時喝飲不伴菜肴。多數男女酒量很大，惟在金江鄉一帶，青年女子絕不喝酒，即在作客時亦不飲，至年老時始稍開禁。鄉間生活困難，工作辛苦，終日勞動之餘，炉邊小酌，促膝閒談，亦即減煩解悶之一途。若從社會意義着眼，這不一定是無謂的消耗。

除了茶酒的消耗外，旱煙也是相當的普遍，煙草大多自種，不夠時在街上購買。成年男子幾全染此種嗜好，惟所費不鉅，對於家庭經濟影响尚不太大。普通煙管為長約尺餘的細竹筒，老年人喜用二三尺長的煙管。在麗江的東北及西面幾區內的女子中，吸煙習慣亦很普遍在過去拿喜人中也有吸食鴉片者，近來已絕少矣。

零食小食在拿喜人中是不常享用的，糖食很少，惟各種菓子尚多，金沙江邊因氣候較熱，亞熱帶的菓類相當豐富，菓類除鮮食外，桃子李子南瓜等常取作菓醬，可藏至幾年，梅子除生食外，可將刀劃成數劃線紋，浸入酒內日久可食，南瓜子西瓜子（石鼓一帶）松子胡桃桃仁等於中秋至新年中，均屬普通食品。

在任何民族中都有某種食物禁忌，拿喜人中自不能例外，狗肉忌食，因狗食人糞，為不潔物，犯食者上山時會被野獸侵害。水牛肉禁食，黃牛肉一部分人亦不食，馬肉城鄉人均不食，惟馬驢肉骨所熬成的「阿膠」，則目為滋補品，貓肉與其他有爪的獸類，如虎狼等都禁食，貓死後必須埋好，否則會下雪。鴿子不食，據云犯者會頭暈，惟仍有人殺食。田雞以前鄉間禁食，現在已漸開禁。魚類中蟹不食，蚱蜢可燒食，惟女子絕少食者。

第二節　服飾

中國邊區人民，種類繁多，表面上最容易彼此辨別的靠二種標識，一種是語言，一種是服裝。各族有他們特殊的服裝，正似他們各有特殊的語言。語言必須在二人攀談距離之內才可辨別，服裝目力所及，即可加以區別，惟從整個邊區來看，與內地漢族接壤的地方，男子的服裝大都與漢族相同，若僅就服裝言，他們與附近的漢族鄉人沒有多大區別，惟女子的服飾則仍迥乎不同，關於這一點，在世界上多數的民族中，情形都是這樣，女子因為與世界接觸較少，在生活上不必有多大的改變，再加上女子秉性穩健，在社會行為方面較為守舊，往往不願意改變原有的生活型態，這種情形，在拿喜人中自不能例外。

在以前拿喜男子都穿「襬袍」，寬腰大袖，形式與「道袍」差不多。不過沒有紐扣束帶於腰伎，「襬袍」的背腹兩部皆鬆韋下垂，有物可藏置懷中。女服為短衣長裙，裙摺極多，站立的時候，一齊下垂，行動時一起展開，摺愈細展開時亦愈大，亦愈表示美觀，裙料或用麻布或用普通絲綢，亦有用青色或藍色棉布的。今日在永寧的呂希人中，也還如此裝束，惟在麗江一帶，則已改變，男女均穿着長僅及膝的短服矣。

男子服裝，與附近漢人沒有十分區別。麗江一帶，沒有嚴寒酷暑，除城内居民及富有者外，一般鄉民衣服相當簡單，普通沒有冬夏之分，到了冬日至多加穿一二件上衣就是了，在南山一帶，地勢高，氣候亦寒，故男女均披羊毛披肩，由二三張羊皮拼成，但在他區男子並不用這類披肩，鄉間男服以毛布麻布製者為多。境内不出棉，故棉布均須在街子上購買，價亦昂貴，毛布用羊毛紡成線紗，再織成布，一件衣料約需三斤羊毛，毛色分黑白二種，係自然色不加染，此種布料質雖粗糙，但極堅牢，經穿，可歷十餘年，普通人家每隔數年始添一件，惟此類衣料不易洗濯，於清潔不無妨碍耳。鄉間貧民於山坡上放羊時採集一種火草，於草葉的背上撕下一層富有纖惟質的皮，可以紡線，織成較麻布為暖的「火草麻布」，拿來做衣服，惟一件衣服所需的原料及所費的精力，當然比他種原料要多得多了。

男子的短衣，右衽長過臍，以毛布或麻布製衣者往往無領，褲腳長及腳踁，脚口甚大，沿邊以線縫切，女子的褲腳口則任其毛邊，平日光脚不穿襪，穿草鞋布鞋，或赤足，在山區較苦的地帶，既無稻草，亦不會編織草鞋，故一般男女終年赤足，南山一帶羊毛色較多，男子都戴羊毛膠打而成的氊帽，於雨季及冬日，身披同樣原料的厚披氊，色為深棕色，長約三尺，領口圓，頸下口寬四尺，既可避雨又極溫暖。

女子的服裝遠較男子為複雜，先以頭飾為例，未出嫁之少女在城區中，都帶黑色瓜皮帽，後垂髮辮。鄉間則以藍布包頭，亦垂髮辮至作客時，始帶瓜帽，如遇喪事，則以白布包髮，耳以極長的白帶繞頭，成一盤形。

出嫁後，即將頭髮束於頂上，包以黑布罩，覆以黑布；結婚多年以後，在布罩外另蓋一藍布（如圍）。所以一个女子已否結婚，就頭飾上即可知道。

耳環在裝飾上頗為重要，最普通的形式為一銀質或金質的圓圈，中套一綠萬石或瑪瑙珊瑚等做成的圓圈。輕則幾錢，重者可到數兩，價值亦大有區別。佩帶耳環均由耳垂的肉洞內穿過，凡女子到了七歲或九歲的年齡，在清明節前後的晴天，家人就拿針線將二個耳垂穿洞，十二歲以後才帶上耳環，環由銀製，下垂一制錢或玉片，到年齡稍大後，才佩帶較精美的耳環。

女子的上衣，為右衽寬袖的長衣，前面略短，長過於膝，後面較長，離地約一尺，袖短僅過肘，惟寬大盈尺，袖上鑲邊，寬達四五寸，衣襟上亦有寬狹二道鑲邊，寬者二三寸，窄者三四分。上衣外面腰間束一白色或藍色的圍腰，長約二尺，離踁約數寸，寬約尺半，有十餘道摺疊，下沿鑲邊數寸，圍腰帶寬二寸，以白色為多，甚長，圍束至背後打結後下垂約一尺，二端均有挑花圖案。

麗江女子服裝中，最為特緻者，為背上所披的羊皮，製法以帶毛的羊皮割成方形或形，將其揉軟漂白後，上面鑲以黑色氆氇（羊毛織成的厚布），復用黑絨鑲邊，中部釘上七枚五彩圓形繡品，中垂一細皮條，象徵日月及七星，二角綴以二條寬約二寸的白布長帶帶的兩端，又飾以挑花串花等圖案，用時將羊皮披於背上，兩條帶由前胸繞繫背後，使帶端成對下垂，天寒時以羊毛靠身，羊皮翻在外面，天氣溫暖時，以羊皮靠身，羊毛翻至外面，這類服飾考其原委，或由他們烤火習慣所致，烤火時，胸口面火，故前面不感寒冷，背部背火，須披上一些衣服，遂逐漸形成了固定的一種型式（至於何以除南山一區，男子也穿着外，其餘各處，這些衣飾完全變為女子服裝的一部那就不得而知了。

富有者的服飾，有用綢緞製成者，有用棉布製成者，衣領下的大扣子，目為一種裝飾，講究一點的用金質或銀質製成形式種種不同，中嵌珊瑚瑪瑙或寶石等，領上又有盤扣一對，亦係金質或銀質，多數中嵌綠嵩石或瑪瑙於其上，這一對盤扣並不扣紐，純粹的裝飾，已不再有實際的効用。

拿喜的女子，服裝上刺繡部分並不多，也並不精細，講究的衣服上，僅在衣袖衣襟衣邊圍腰帶及鞋面上加上一些繡花挑花或串花圖案，花樣沒有特殊的地方，與漢族流行的沒有多大區別，多數的女子雖會縫衣，但會刺繡的人却不多，例如在金江鄉一帶，女子幾乎都不會刺花。

一般女子的服裝沒有季候的區別，僅有單夾的區別，天寒時多穿幾套，天暖時少穿幾套。麗江一帶，氣候的年差不大，也無需多少季候性的衣服。

女子裝飾品中，最普遍者，當推戒指，式樣有馬鐙戒，有紐絲戒，有鑲嵌三顆或六顆綠蒿石的種種形式，手鐲的形式亦有數種，其中以紐絲鐲為最普遍。

第三節　住所

拿喜人的房屋，有瓦屋茅屋及板屋三種，在麗江城七八十里周圍以內，一律用瓦蓋屋，城內的房屋很整齊，頗似北平住宅，富有者畫棟雕樑，頗為精緻，在較遠鄉間及山區，板屋及茅屋較多，在最貧窮的區域內，有用蘇幹鋪成屋頂的純粹拿喜式的住所，其主要的房子，為一形似倉廩的平房，除了赤貧的人家外，正房以外，尚有一至三座側屋合為一院，這些側屋也有建築成樓房的，

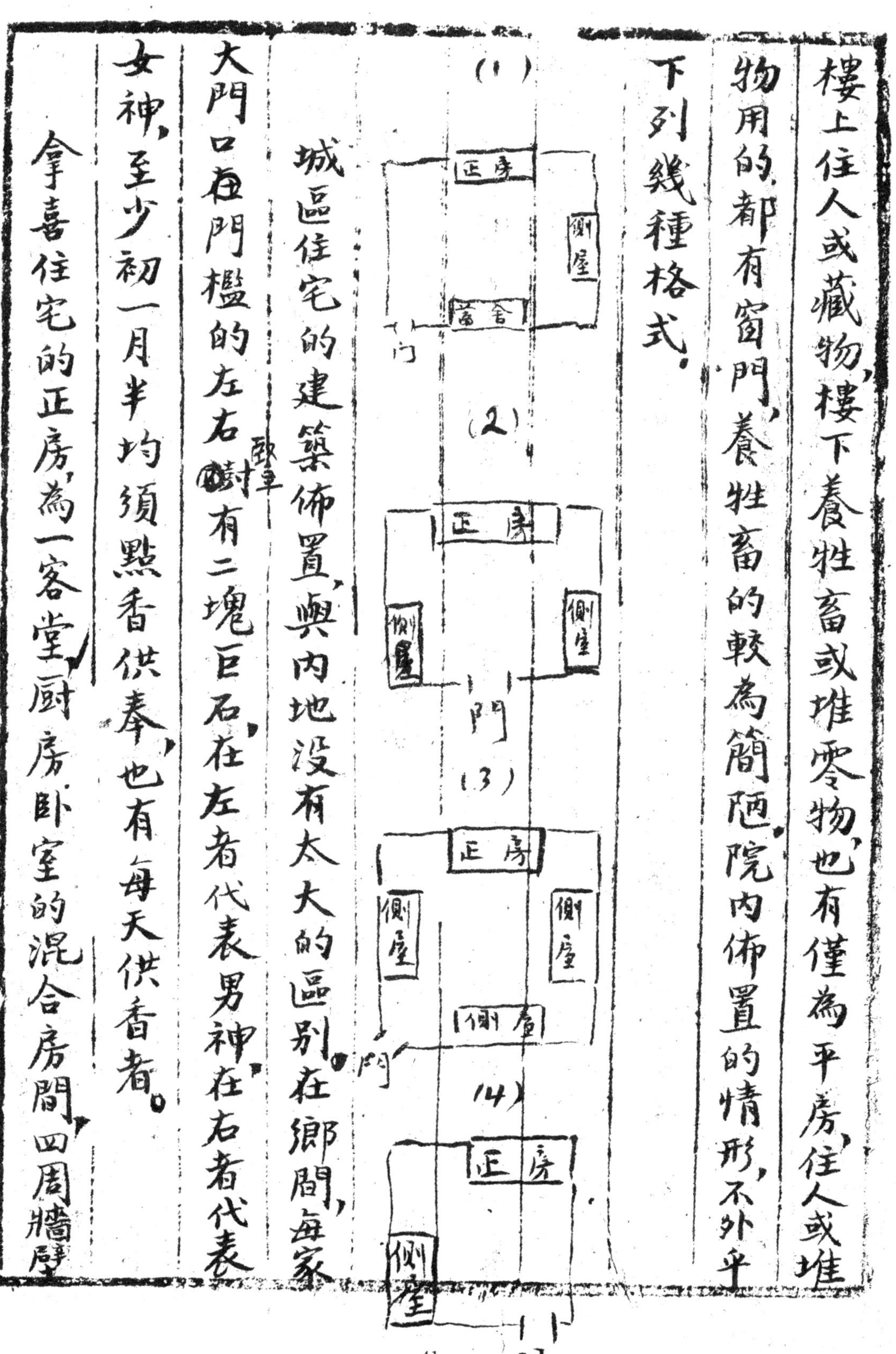
樓上住人或藏物，樓下養牲畜或堆零物，也有僅為平房，住人或堆物用的，都有窗門，養牲畜的較為簡陋，院內佈置的情形，不外乎下列幾種格式。

城區住宅的建築佈置，與內地沒有太大的區別，在鄉間，每家大門口在門檻的左右[illegible]有二塊巨石，在左者代表男神，在右者代表女神，至少初一月半均須點香供奉，也有每天供香者。

拿喜住宅的正房，為一客堂，廚房，臥室的混合房間，四周牆壁

均用圓柱形木料，畧為削平，拼合疊架而成。門甚矮，出入須低頭，相傳昔日土司木氏全盛時，人民敬畏之，門既矮，出入不能直行，寓「見木低頭」之意。牆上不開窗，至多鑿一方洞，山間房屋不通洞者亦很多，屋頂上有亮瓦數片，所有光線均由此射入，其黝黑情形，可想而知。如圖：

正屋中最主要的部份為一灶台，由泥磚砌成，高約二尺半，約五尺見方，上築二灶穴，一灶專煮大鍋食物，一灶上置三角鐵架，煮水炒菜烤物，或燒柴取暖，可作數用。灶台的二面，為寬約三尺，長約六尺的坑，上面可以招待客人盤坐品茗，或對酌取暖，夜間又可作家主及小兒輩的床鋪，家主以外的成年人，如家主夫婦在時，不能宿於坑上，這二座坑是男女分座的，女子不能跨過或佔坐男方的坑，否則表示不吉。

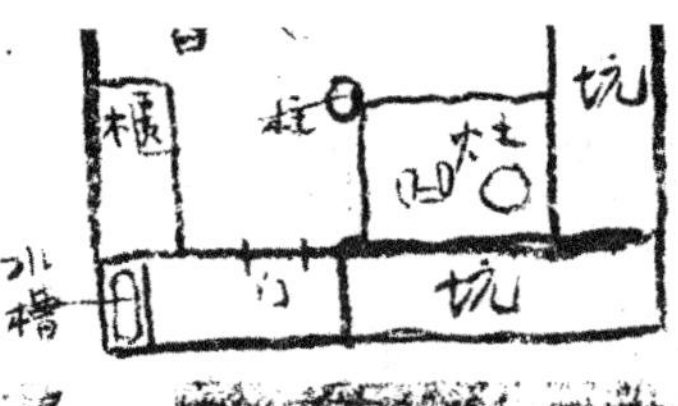

如圖

在正屋的一角兩坑交叉的地方，供一祖堂，離坑面一人高的牆上懸一木板，板上供一「庶籮」係一篾做的籮，口徑約八寸，內插「樹箭」「樹塔」（以長約尺半的木條削成箭形塔形及梯形）各一，每有一次婚姻須插放一套，分家後即分出一套，除此以外，籮內放有小石一塊，代表家神，木板下的坑上置一見方的矮几，每天點香供飯都放在上面，但也有不另置几即在木板上供祀者。

正屋內沒有煙囪，而所用的燃料又都是木柴，一方面為了衣服的不夠暖，（尤其是冬天及雨季）一方面由於木柴的易取，灶塘內的火幾乎是不熄的，所以煙氣散滿全屋，極難透出，不慣這種生活的人一踏進屋内，即會張目為難，不止的流淚，非到了習慣以後，才會行動裕如。

正屋的中間，有一根很粗的柱，直達屋頂，稱為天柱，亦為具有神秘性的部份，逢到節令，要點香供奉，上面掛着種種吉利品，表示可以避邪迎吉，例如掛上一塊猪顎骨，主使全年牲口吉利，掛上一小束穀穗，主使全年五穀豐登。天柱的旁邊另有一根較短的柱，上面懸掛着各種與烹調有關的工具，如筷籮、銅匙、刷帚等物，這一類物品也有掛在天柱上的，在這根柱的旁邊，又有一根較灶台略高的短柱，頂上縛着一塊瓦片，上面點着富有油脂的松條，這是屋内惟一的照明灯火，光彩相當的明亮，火上雖懸罩一塊瓦片，擋住了一部份飛騰的濃煙但彌漫的松煙仍然燻得滿屋漆黑。這種灯盞也有釘在天柱上的灯柱的旁邊。另外還有一座以堅硬木料鋸成的圓柱，宰砍木柴，切割肉菜都在其上（見圖）與漢人廚房內的砧板同一作用。

屋內的傢俱設備相當簡陋，每家必備的東西，不外有下列若干種。

（見圖）

1、水缸　用巨樹身中挖大槽，用以積水，如圖

2、盛物櫃　如圖，蓋自上面開，灶內常有二具。

3、明子燈　或釘於天柱上　或另樹一短柱

天柱

4、放物墩　常以樹幹做成，立於天柱旁邊

放物墩　天柱

5、三脚　放在火灶上，普通直徑一尺半，由鐵製成，如圖

6. 銅桶　盛水用，富有家庭多有，大者一公尺半高，直徑有一公尺。

7、木桶　盛水用，以木片製成，如圖

8、大小鐵鍋　普通有大中小三種。

9、提水桶　如圖

10、鑼鍋　用紫銅製成，煮飯用。如圖

11、洗臉盆　有二種　a、木製，以一厚木挖成盆形。如圖

b、銅製，用紫銅做成，很小，直徑約七英吋。如圖

12、汲水瓢　銅製，直徑約六寸。如圖

13、煨水壺　銅製，高約八吋至十二吋，置於木炭火邊。如圖

14、茶漿水壺　瓦製，高約三寸。如圖

15、銅盆　紫銅製，直徑約一尺，淘米用。如圖

木柄

鐵製的

16、灰罐　長約一尺，灶內罐灰用。如圖

17、平底鐵鍋　烤粑粑用，直徑二尺，如圖

18、木盆　木製，盛麵粉，大小為8－10、4－6寸。如圖

19、木錐　撽鹽巴用，長約三寸。

20、木碗　拌粉或小兒飲食用。如圖

21、酒瓶　有光陶器，高約一尺二寸。如圖

22、木櫃　有單雙兩種。如圖

23、鐵匙　盛湯用。如圖

24、鐵斧　劈柴用。如圖

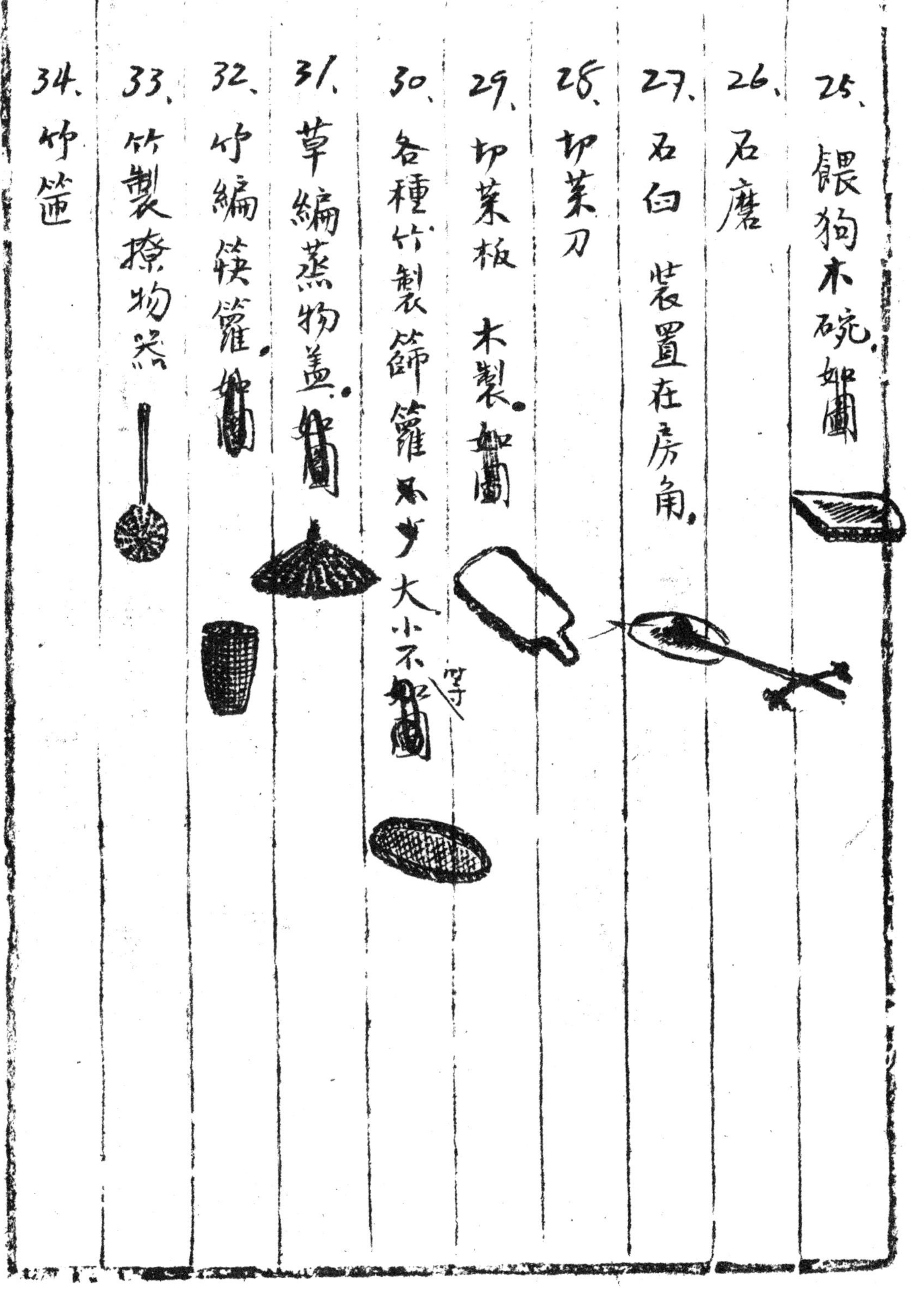

25、餵狗木碗，如圖

26、石磨

27、石臼 裝置在房角。

28、切菜刀

29、切菜板 木製，如圖

30、各種竹製篩籮不少 大小不等 如圖

31、草編蒸物蓋，如圖

32、竹編筷籮，如圖

33、竹製撈物器

34、竹箆

35、竹篾簸箕 如圖

36、掃帚 細竹編

37、負物竹籮 如圖 a、負重赴遠處用。b、近處工作時用

c、2尺 播種時放種子。

D、1尺 裝糧食用。

38、竹製之碗籃。如圖

39、木鈎。如圖

40、火鉗。如圖

41、高梁帚。如圖

42、竹掃帚小的三尺五，大的四尺，小的掃地，大的掃麥場。如圖

43、木筒 放在灶上，置刀筷等。如圖 1尺

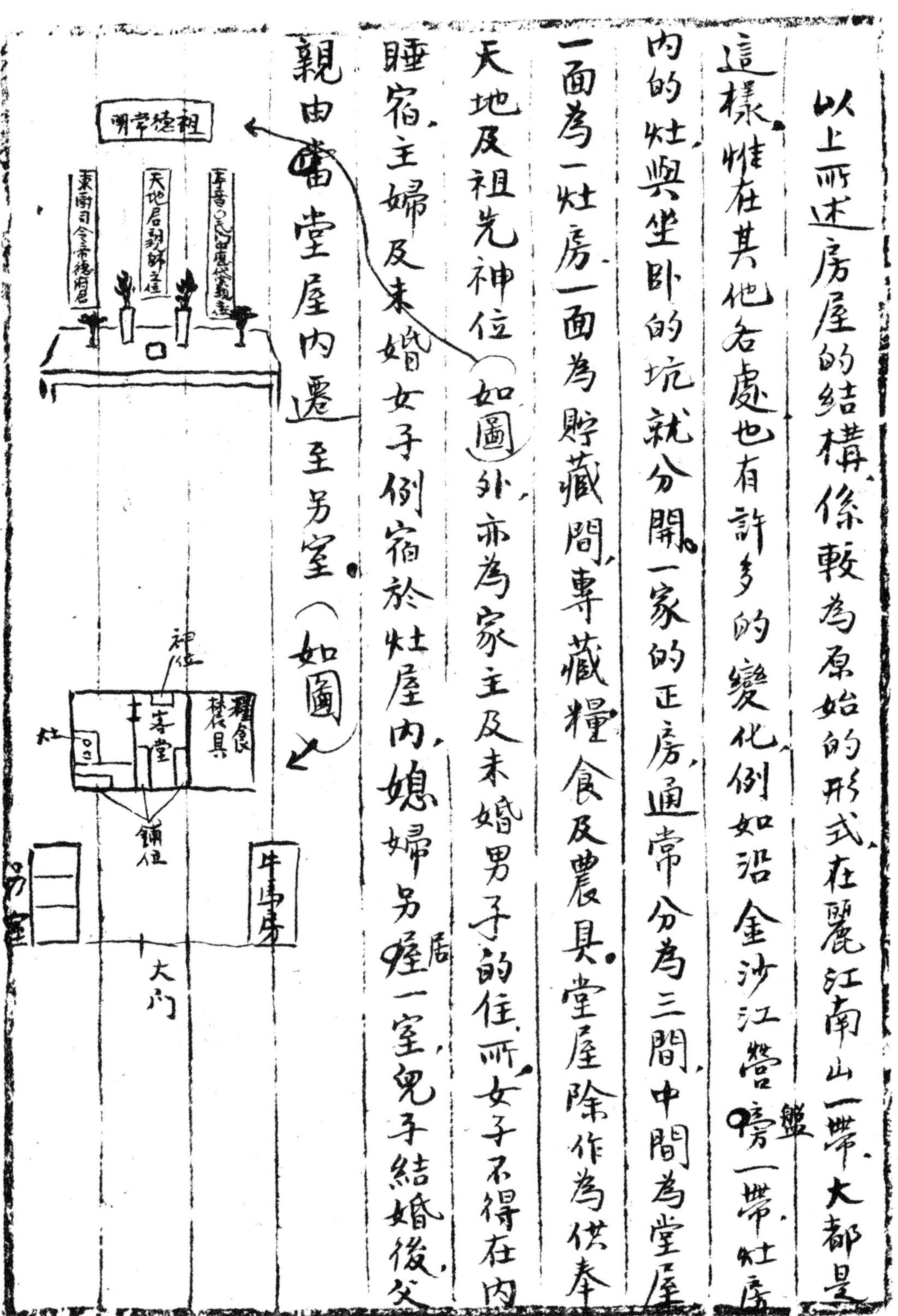

以上所述房屋的結構係較為原始的形式在麗江南山一帶大都是這樣。惟在其他各處也有許多的變化例如沿金沙江營盤一帶灶房内的灶與坐臥的坑就分開。一家的正房通常分為三間中間為堂屋一面為一灶房一面為貯藏間專藏糧食及農具。堂屋除作為供奉天地及祖先神位（如圖）外亦為家主及未婚男子的住所女子不得在内睡宿。主婦及未婚女子例宿於灶屋内媳婦另居一室兒子結婚後父親由堂屋内遷至另室（如圖）

在拿喜人的住宅中沒有特築的厠所，夜間大小便即於院中解決，白天則在四周田野中。即在麗江縣城內一般住宅，亦無厠所的設備，不過這個特點，並不限於拿喜族，雲貴區各族中情形大都相彷彿。

蓋屋也有若干禁忌，如家長的「年関」或「歲煞」，在東方，則東方不能動土造屋，若在西方，則西方不能動土建造正屋，以竪立天柱，建造側屋以上正樑最為重要，無論竪天柱或上正樑時，禁止女子在場，否則為不潔之兆。麗江城內的正房必朝南，祖堂設於樓上，共三間，除作敬神祀祖外，概不作任何用途。

第四章　社會組織

第一節　家庭及家族組織

過去麼些人中，亦有數世不分居的大家庭，近来已頗少，但是在邊區的地方仍是很少一夫一婦的小家庭。普通每一個家庭包括祖父母、父母、兒女、伯叔及諸姑。如麗江屬的西北邊境，有永遠不分祖上遺產的習俗，不論家裏有多少兒女，僅以一子結婚承嗣，其他的兒子都須出家或做「緧爸」。「緧爸」即麼些人所謂獨身男人的意思。

一般麼些人的家庭並不算大，他們的出生率原来不太高，而嬰兒死亡率却很高，所以一般家庭中成年子女也不過二三人，如父母健在，家庭各份子尚能和平相處，同時房屋也够使用時，他們大都不願分家的一切家產均由父親掌管，父親逝世後由母親或長兄掌管，全家各人的收入除個人的消耗外均得繳入公帳內，一切日常費用則由家主開支。

家庭間如意氣不和時生口角或某一份子不顧家道過份浪費時則常演到分家的一途，分家時，若父母尚在則由父母主持，各子所得係平均分配，倘父母已不在可請族長或本村中的年老者出來秉公分配。要是分家後而仍住在一起，大都一房佔屋一座，各開伙食，正屋例為幼子的產業，故幼子不必遷移出去，其他各子只得在外面另建房屋。倘無力建築，可將老宅中一座房屋搬遷到新址上去，他們的房屋結構比較簡單，親友們通力協助，往往幾天的工夫就可以把一座房屋豎立起來。

家庭間的分工在鄉間不及城區的嚴密，鄉區間的農民日常的工作不外是農稼、畜養、紡織及炊爨等事、男女間沒有很嚴密的分工、大多數男子能做的工作、女子也會、諸如上山採樵、下田割種、以及飼養牲畜、料理餐事、紡織羊毛布疋等等、男女都共同合作、同樣熟練的。不過在家撫育孩童、都半是婦女們的事、這正如出外漁獵、都半是男子們的事一樣。從大體上講來、拿喜人中男女工作、終年都很勤勞。男子的工作消費體力較重、但多少仍有些空閒時間。女子們則每天黎明即起、挑水砍柴、燒飯、一直忙到夜間、沒有多少時間可以真正的休息。

麼些婦女的經濟情形、能力、並不比男子低下、有許多家庭中主要經濟生產者是女子、而不是男子、在城區的居民中、許許多多的男子閒居無事、反要靠着女子的努力、才能維持生活。但是重男輕女的觀念太深，家庭中以及社會上的一切權利，概由男子所把持，女子很少佔有重要地位。故在祖業的繼承上，概由兒子孫子代代承受，假如沒有兒子，寧可招婿為嗣，女兒概不能承繼。要是子女都沒有的話，由族人中血統較近者來繼嗣，女子變為不是正宗的人物。從每年祭天時，禁女人參加一件事上，就可以証明這一點。普通「女」字上面必加上一「賤」字，有些人稱「女」為「命」，「賤」為「謗」，連起来說「命謗」就是賤女的意思。

家主的地位是很高的，他的床位是在房子的正屋内，吃飯的時候，他坐着正位。子兒子依次的陪着，媳婦則根本不入座。子女的管理，多少也根據「嚴父慈母」的原則，故子女們大都畏懼父親，子女的大事，連婚姻在内，父親是最後的決定者。母親的地位也不低，多數人家銀錢的管理是母親的職權。父親死後，母親的就掌握財產的大權，她的主張和意志，子女們都得聽從的。

媳婦的地位與其他家人稍有不同，尤其在年輕時是這樣。在初結婚後的一二年內，她所任的工作比較為輕鬆，以後逐漸加重，變為家庭中的主要勞動者。她與翁及伯叔（夫的兄弟）的關係，雖不似許多民族中的絕對迴避忌諱，但原則上也是不大攀談的。全家吃飯時，惟有她不上棹，只能在屋角裏或灶旁獨自的分食。到了晚上，勞頓了一天，全家的人都圍着火取暖談笑，但是在這個大邊的親屬圈中，沒有媳婦的地位，她只得悄然留在圈外去從事於白天沒有做完的工作。雖然一切的談論，她仍還聽得到的。

家庭以外，我們再推廣來講民族關係，同屬於一族的麼些人不一定居住於同一領域以內，有許多村寨的確為純粹一族的集中居住地，但也有許多與異族的人混合居住的，與他們混居最多的要推漢人、古宗、栗粟、西番、羅羅等族。麼些族在土酋木氏專制壓迫之下，他們當然不願意看到強有力的家族組織，因而族長的地位並不是特別的尊嚴，當然亦無所謂特權，同一區域內的民族，除了聯合起來祭天外，也沒有其他的事可以激起他們全族活動的。

拿喜人中以和姓、楊姓、李姓為最多，他們人數眾多，散佈區域極廣，僅血統較親、居處較近者目為同族，相隔遼遠的同姓者無從組織起來，幾乎不會發生任何關係，事實上也不承認彼此隸屬於同一大族之內。

彼此通婚都不加禁止。

普通一族之長，大概由最長輩以及年令最大而且明事理的人担任。遇有族中糾紛事件發生，族長就會被推擁出来担任仲裁。族衆中分家析產時，遇有争執時，族長的處置，就是最後的決定。一族中往往有公產（南山各地無）凡遇每年正月七月間的兩次祭天，由公產公地内開支。無公產者，由族中規定，每家輪流男子年齡在三十六、四十九、六十一、歲者，可向族人僅（儘）先當值，因此年齡向屬厄運，倘担任一次值年，可解凶長命。

第二節　政治組織

麼些民族的政治單位，可以説是村寨，村寨之中，有大有小，大的百餘户或五六十户，小的亦有三十四户以至於十多户。麽些人秉性純樸，近年來都遵照政府法令，編制保甲，對於保甲長的任何命令都能順從，可是自衛力量很脆弱，武器之中僅有弓弩刀斧之類，不喜購置槍械，沿麗江金沙江一帶居民常苦中甸古宗人的擾掠，也由於他們抵抗力量微弱所致。

麽些人雖然組織力量很差，但是在一村一寨中，對於村民應遵守的規約，向有傳統的規定，一般人奉之惟謹，不敢或違。此種鄉約，每寨設有一人監督，倘有違犯者，可以執行處罰。自保甲制度施行後，保甲長就有處理這類的事件，普通所常見的村約，大概如下列所示。

一、不孝父母者　二、不敬尊長者

三、姦淫婦女者　四、聚眾賭博者

五、營業不正者　六、窩留匪類者

七、踐踏禾苗者　八、破壞公物者

九、污穢井水道路者　十、會議不來者

以上十條，由本村紳老公議決定，全村人民不論老幼，宜謹勿違，如有違背，由本村父老公議，分別輕重處罰。

村寨中——尤其在壩子上的村寨——常有公產的設備，通常是田地山頭林木一切收入，專供村中公益事業之用，例如辦學、祭祀孔、救濟赤貧等。由村中公舉管理員一人主其事，公產如係田地，則租與佃戶每年收租，如係山林，則雇人看管，以砍售木料的收入充作公帑。

村民間合作互助的精神在拿喜人中頗為發達，任何一家如有意外事件發生而須他人協助者，一吹牛角，全村人民群集起來通力協助。春間農忙下種的時候，全村集中勞工，輪流插秧，每家至少出工一人，田產多者出人亦多，男女不計，本家無人可出時，可僱短工以代。南山一帶不適種稻，故於插秧時，壯丁求工者亦甚多，故僱工不成問題。插秧的適當時間較短，每家必須爭取時間，這種集中勞力的方法效率也比較的高，普通只需要十餘天的工夫，全村的稻田可以全部下種完畢。插秧時担任勞作者，黎明即起，在家喝酒，進食後即至田間工作，午飯由輪到插秧的家裏準備酒肉招待，下午收工前，有些人家還預備些酒和點心酬勞，晚飯大都回家自理。

到了割稻的時候，仍然根據合作的精神，但辦法則與插秧時不同。插秧的工作，男女共同參加，割稻則由女子担任，插秧是全村通力合作的，割稻是幾家联合起来的，插秧是白天的勞動，割稻是在夜間舉行的。插秧是純粹的經濟活動，割稻滲雜男女戀愛的成份在内，青年女子們一面割稻一面高唱山歌，青年的男子們即来附和，深夜不徹所以同時變成社交的場合。

山居的村寨中，蓄羊是一種主要的生產，到了溫暑兩季，全村的羊，均放食於大高原上，牧人亦長期留住山上，到了寒冷時，驅羊下山，在各家中分飼。

第三節　經濟組織

拿喜人在堨子居住者，純粹是農人。於山間居住者，半農半牧。居於城區者，從商居多，在小農經濟制度之下，除了糧食自供自給外，主要的經濟活動，只有家庭手工業，其中主要的幾種，非但供給自用外，而且影響到整個區域的經濟狀況的有下列數種：

一、毛業——家畜有牛馬豬羊，山居者畜羊最多，每年春秋二季各剪羊毛一次，梳理後紡織成塊，以供全家衣褲之用。剩餘者售至場集，因此紡織毛線與毛布為麼些人主要副業之一。

二、麻業——搓麻線、織麻布，亦為麼些人的普通手工業。麻線用為縫鞋底，而麻布除供給一部份衣料外，多用以製裝運米糧的大口袋，銷路相當的廣。

三、皮業——皮業可以分成兩種，(1)漂製羊皮由西康西藏等處運來的羊皮多半在麗江一帶漂洗，修剪裁製各種裘衣貨色很好，但因交通上的困難，原料既不多，此項工業亦無從發達。(2)薰製革皮以土法製造革皮，再拿來製造皮鞋，鞋底質料很堅實，離麗江城約十餘里的東河村，那里的麼些人對此技術特別擅長，往往以此業謀生於外，不論城鎮鄉村，都有這一村人的足跡。

經濟交換　除在城區外並沒有具體的組織，一切都靠場集來輸運。場集所在地大都是半漢化區，距離相當遙遠，有每日一集，三日一集，五日一集者，原來拿喜人的許多場集地點，咸因人口衰落，或遷移流散，大都已荒廢冷落，知商業交換、概用流行的幣制、相傳在明代以前、麼些人皆以貝為幣、至今交通困難的地方尚有以貨易貨的原始交易制度的存在、但是對外往來以及繳付賦稅攤派款項等、仍以政府發行的鈔票為標準。近來城鄉對於稍舊之法幣、拒不使用、因而引起無限的糾紛。少數毗鄰古宗民族的麼些人亦有常以銀元為本位、銀元與法幣的兌換率甚高、每一銀元在民國三十二年可換法幣四十餘元。

度量衡方面極不準確、展開手之拇指與中指為一度、麼些人稱之為「吉」。展開兩手為一度、麼些人稱之為「律」。斗升大小各地所用不同、有四碗升、六碗升、八碗升以及十六碗升等、互不一致。此外尚有論「籮」數或「籃」數者、至於碗籮籃的大小很有出入、沒有一定的標準、不過這種情形、在交通不便的農業上、是一種普通的現象、並不限於拿喜人。至於秤的用法、根本倣效漢人、沒有特殊的製法與用法。

借貸制度完全是私人間的活動、沒有一定規定。普通借貸、有用抵押品、亦有不用抵押品的。抵押時、少者可用首飾器皿、多則用田產房屋。利息輕重不等、重者每千元月息百元、輕者減半。上糧息與上銀息、各視情形不同。契約非必要時不用、一則因為鄉間能寫字的人絕少。二則鄉間生活簡單、遇有借貸、即目為重大事件、兩造都牢牢記着、不會有絲毫錯誤的。

其次講到麼些人的租佃制度、深居山中的人民、大都自耕自食、租佃情形絕少、所納租稅、因丈量欠確、故難免不公。惟山區地帶、因土質貧瘠、所納極微，且自己開墾的荒地根本從不繳納租稅。麗江壩子及金沙江邊一帶，良田沃土，佃農情形即比較普遍，但自耕農仍佔百分之九十。朱通先生曾就中和村等六家村二七0家的調查，每家耕地面積的統計如左：

畝數		家數
1-9	一	53
10-19	一	90
20-29	一	56
30-39	一	33
40-49	一	21
50-59	一	7
60-69	一	8
70-79	一	0
80-89	一	1
90-99	一	0
100-109	一	1
		270

據我個人的估計，每家至少須有中等地二十畝，始可維持生活。但根據上項調查，一半以上的人家不足此數，他們生活的困難可想而知。領公產（如喇嘛田、學田等）耕種的佃農，過去都是認租不認田，所納田租亦最少，而私產招佃有分苗或上田畝，隨田主的意思決定租額

方面，最高的須納田中收成的十分之三，低的僅納十分之二。

第四章　宗教信仰

第一節　多巴教

麼些民族、一般地說是信仰多神教的、所有人民都有濃厚的祖先崇拜、並富有安時處順的道家思想、不論鄉村城市廟宇中、都半置有佛像、如釋迦觀音財神等菩薩最多、此種信仰與漢人無異、然亦有特殊地方、茲分述於下：

多巴教本為摩些民族特有的宗教、當異教沒有傳到此地區以前、曾盛極一時、惜在目前已漸形衰落、在智識階級中篤信者為數寥寥、簡直目為邪教、但在鄉區山間則信仰者仍甚普遍、凡遇喪葬或超度夭亡自殺的人、仍沿用多巴教的儀式、婚姻時亦須多巴教士主持。惟一般的人對於多巴教的信仰並不專一，他們一面信奉多巴教一面也在相信喇嘛教，同時多巴教既沒有廟宇，又沒有教產，宗教活動的物質條件已付缺如，其號召力當大為減色。長此以往，若干年後或將湮滅而變成一點史跡而已。

一个宗教若要流傳得廣汎，必須具備下列幾種因素：一、崇拜的對象——神明；二、经典及信條；三、禮拜的場所，如廟宇、教堂、祭台等；四、宗教師。 崇拜的神明必須神聖無疵，而且是萬能的。经典及信條必須有確切的明文規定，並且要使凡信仰的人都有瞭解牠的可能。禮拜的場所，雖屬物質的設備，但有了一个固定的地方，再加上神台、香燭、歌詠、音樂等等設備，使大家能共同參加禮拜，無形中宵可以增加對神明一種誠虔的態度。最後神人之間，總得有一種媒介的人物溝通神明與凡人之間的意志，這些人的身份，各地不同，有些被認為神明的化身，有的自認為凡人，不過多懂些神明的意思罷了。靠了這些宗教師宗教上各方面的活動，才有開展推動的可能，信徒中才有一个中心可以申訴他們的慾願，根據這些原則，讓我們來衡量拿喜人的多巴教。

先看他們的宗教師，拿喜人稱之為「多巴」。其人選有傳統及選能兩種方式，如果某多巴技術很高明，典籍亦非常通曉，他往往拿學術傳給兒子，而兒孫輩亦極願承受遺教，代代世襲下去。這種世襲的多巴在麼些族中很為普遍，但栽培一个多巴也不是頂容易的事。他要學習多巴文，要熟記咒語，假如兒孫的識能太差，不能勝任祀神除鬼等種種法事，或者他們對此根本不感興趣，不願學習，那末教友中，如有才能卓優而且願意學習的人就會被衆推舉出来掌壇，經過若干時日的訓練以後，各方請他禳病驅鬼的機會，亦就增多起来。

多巴在社會上地位並不崇高，他不像天主教的神父或基督教的牧師，或寺院內的喇嘛，多巴的職掌並不是一種專業，乃是一種業餘的活動，儘管他的能力如何超人，他的本業還是農夫或木匠，或從事其他職業，他既没有教產来供養他，每次為人驅鬼或唸经後，祇得接受些微的酬報聊以補助他的收入，這樣一來他就失去了超然的尊嚴而變成可以供人使喚的被雇者，他又不像天主教的神父或廟宇内的喇嘛或和尚不娶妻不破戒或不開葷，他有家室，他是凡人，這又剝掉了他的清高的身份，所以充其量，多巴不過是一位技術師。

多巴在作法的時候須穿着法衣，大都是前清的蟒袍，有的再加一串朝珠一條朝帶，頭戴法帽，由八張繪圖的硬紙片製成，中聯以繩，平時摺疊成一片，戴時展開成帽，紮於髮際（如圖）。這些衣帽都由祖先傳遞下來，故大都已破舊不堪，除了這套特殊的服裝外，作法時並携有法刀、銅鈴、鐃鈸及皮鼓等工具，於跳舞驅鬼時、齋聲合奏、藉以維持節拍。

在較大的村寨中多巴總有一二位、在較小的地方每村就不一定有一個。但在幾里以內總可找得到個把多巴的。聲望和能力、當然因人而異、經典符咒懂得多、驅鬼醫病成效大的多巴、大家對他信仰當然會提高、就在他們自己裏面也承認有技術上的高低、名望較高的老多巴往往有權召集或支配其他多巴的力量。任何人家要超度亡人時、須邀請一个多巴主壇、由他去召集其他多巴當作助手、當然主壇者所得的報酬亦比較豐厚些。

現在讓我們来注意多巴教的經典及法術、第一經典上所用的文字是一種象形文（見另圖）、據云、以前在拿喜人中是相當流行的。

但目前只見於經典，僅多巴能認識精通的人更屬寥寥。以象形文字來描寫抽象的概念本極困難，所以解釋經典的內容當然免不了有很大的出入。典籍的數量相當繁博，總數達六百餘冊，大都關於歷史的傳說、神話、詩歌、謠諺等類，亦極美妙動人。此外如天文、地理、哲學、陰陽、風水等目，亦應有盡有，內容雖多荒誕無稽，亦確足表示往昔拿喜人的信仰。

多巴教的經典，是單頁的厚紙堆疊而成，每頁寬約三英吋，長約八英吋，上面寫滿象形文字的記載，有些經典的文字加塗顏色，全部經典好像一幅敘事的圖畫。抄寫經典所用的筆，係由細竹片製成，前端削尖，中裂一縫，儼似西洋的鋼筆尖（如圖）

寫時亦以筆尖塗墨寫於厚紙上，俟全部寫就後再加顏色。近來多巴教的勢力日漸衰落，出色一點的人才也遠不及從前，不見得願意甘心從事於多巴事業，所以多巴的成就遠不及從前。不久以後多巴的人數當然會大大的減少，連多巴文字也要漸漸的失傳了。

除了學習多巴文字及經典以外，超度靈魂以及驅鬼祭神等法術也是由師傅傳授的，諸如唱跳揮索舞刀畫符唸咒啣火紅鐵犂潑煎沸油湯等各套最為流行，也就是學習中主要的一部份

拿喜人中染有疾病，咸認為鬼魔作祟，小病時用鷄蛋米糖之類由家人代病者謝送，重病時則請多巴禳除或宰鷄猪，或殺牛羊多巴送鬼之儀式亦視病的輕重及所賠物品之多寡而有差異最普多巴

通的法術係用長刀銅鈴或鉄索舞跳揮擲以示威嚇魔鬼即會被迫遁避若遇厲鬼則上述的法術就不够靈驗多巴必須採用更駭人的技術一種將火中燒紅的鉄犁先置地上用脚踐踏旋用牙齒緊咬舞刀狂跳或咬一條小猪舞跳猪叫愈响多巴愈跳得出神。再有一種鍋中沸煎菜油油滚後加酒多巴以砂粒在油中攪調狀至可怕一面唸咒施法據云探沸油之手可無湯痕有時多巴於作法時以刀自割其舌尖瀝瀝滴血舌亦無傷這些驅鬼方式當然不能常用僅能偶一為之。

多巴教純係多神崇拜還未達到主神信仰的階段。(Henotheism)

他們雖然也承認有天神地神的存在但関於他們的威權作用等都沒

有具體的信仰想係後來受漢族的影响而侵入他們原有的信仰中去的在他們的衆神中最主要的名叫「是瞭」但他並不是無所不能無所不在無所不知的萬能神靈他不過是一位大教主但他的法術和威力根據他們自己的傳説還比不上喇嘛教主這也是一種原因促成喇嘛教在他們裏面勢力逐漸擴大關於「是瞭」的傳説敘述如左：

混沌初開時上天生下一蛋蛋生一[illegible]字[illegible]字入蓮花蓮花生紹麻登為元始之神紹麻登以後出一亨廸瓦下亦為神亨廸瓦下後隅了數代又出一神叫格課篤知生有九頭十九手神通亦廣大其後有一神輪迴九世其第九世的名稱為「是瞭」是瞭為麼些民族

最信仰的多巴教主，是𤢊曾與喇嘛教主比法，不分勝負，最後說定早晨先至崑崙山的算是優勝，是𤢊的法器為一隻皮鼓，雞一鳴就騎皮鼓上山，而喇嘛教主於日光初升現時，御光一躍即至，是𤢊反而到遲，於是是𤢊就被貶南來，據有今日的此地（中甸屬）。當是𤢊時有一惡魔叫固松麻者作祟人間，變化莫測，是𤢊亦無可如何，就用計籠絡與之結為夫妻，先將固松麻的法器長有九丈的鐵索九根及大刀九把銅鍋一個用計毀壞，民間請是𤢊往作法事，固松麻囑屬是𤢊切勿收受任何財寶謝禮，是𤢊答應主人，見是𤢊不收財禮，暗中將一寶石掛於是𤢊的馬首作謝，回家以後，固松麻已卧病不起，斥責是𤢊受人寶物，是𤢊應以無有，固松麻就叫他注意馬首上的寶物，是𤢊頓時覺悟以為時機已到即以寶石照着固松麻而殺之固氏將死咒詛是瞭必得沉淪海底永刼不復的報應。

後來洪水為災天空照出九日是瞭因熱浴水方其冠立即沉暖溺其弟子三百六十人遍海尋撈每天服飲海水海水吸去大半方撈獲其屍身所以凡是多巴教徒直至今日多備用鐵杖一根一端係撈屍用的五叉曲鈎一端又為伏魔的三杖劍頭每一多巴死後同教徒中照例用杖舉行破獄儀式超度死者的靈魂。

多巴教中關於神的種類名目繁多每一種不同的神都各司其職各有其權各對其鬼作某種法事就奉某神主台唸誦某本經咒各有一定規矩不能互相錯雜這些神大都與漢人信奉的

相似但經咒却是麼些人自造的象形文字，其中主要的列表於左：

神名	作用
左老尼恥（子孫神）	保佑人類生産子孫興旺
俄神享神（福祿神）	保佑人類降福賜祿
知勞阿普（長壽神）	保佑人生長壽
阿美享那全色（五谷神）	保佑五谷豐登
龍神	保佑人間雨水豐盛
庶神	保佑家宅平安
都神（男神）、色神（女神）	保佑闔家男女平安

除了上述的許多神外，還有一个「三多神」，他是一位功臣名將，死後被敬為神，相傳昔日土司木氏的家將李華戰勝入寇的土蕃，使麼些人民得免於燒殺擄掠之禍，因而他死掉以後，麼些人於離城廿餘里有一個白沙地方，設一祠堂，專供此神，敬稱為「三多神」，從此以後，二八兩月香火極旺，特別是在疾病流行，盜賊騷擾，或瀕受患難的時候，一般人民必然大祭「三多神」，虔求保佑，或者那些久遊返里以及長病初愈，甚至脫險免難以後，亦必親帶香蠟拜設「三多」所以比較上說，三多神在麼些民族中最為人民所崇拜的一个具權威亦最大，附近漢人亦奉之，稱為北岳。

麼些人認神為神秘的主宰者，一个人的福澤，都由神所賜與，一有災禍，就發願禳解，舉行種種賂神送鬼法術。一般人都以為假使人類沒有神助，世界將為鬼所操縱，人就無法安全的生活下去。

麼些人的祀神，多半由多巴主其事，用土話歌誦象形经文。口裡唸唸有詞，詞多五言韻語，點唱歷来神佛土名，歌誦自古以来的神靈事蹟，歷數山川地名，拜唱神佛名號。或每家自行祭祀，或合族共同聚祭。祭品極簡單，不過松栗柏等材幹，均不可少，用法亦因神而異。

除了三多神外，沒有廟宇，故祭神的地點，多在露天，就是最隆重的祭天也是這樣。普通祭天在郊外設壇，每一祭壇為一氏族所共有。壇的面積，普通約四方丈，亦有比較大的，壇的周圍密植樹木，惟亦

變人的可能。若人變為獸，獸再變禽，以後即無法再轉變為人了。

拿喜人對於鬼的領域，與漢人的信仰大抵相同。他們在陰冥界活動內有十層地獄，凡生前有罪作惡的人都在這裏專受刀山血河鋸刑油鍋等苦刑。惟鬼也可以在人世間出沒，凡荒寺廢屋或墳墓間，鬼即常出沒，入連僻街深巷，於夜間亦常見鬼形。舊曆七月稱為鬼月，自初一至三十，每夜有人舉行「放陰」其法使一較蠢的人坐寐，另一人在旁畫符唸咒催眠，等到眠者放出哭聲時，即認為鬼已附身，親屬友朋均可與之談話。

鬼有類別及等級，在各民族中幾乎都這樣的相信。拿喜人中有一女鬼王，名叫固松麻，吃人殺人，為害最大。此外種類繁多，不

可勝計。人有幾種死因即有幾種鬼别。例如吊死者即有吊死鬼
殺死者即有殺死鬼。每種都有土名不勝枚舉。今就較為重要的
幾種列表如左：：

種類	作用
尤鬼—情死之鬼	誘青年男女情死
此鬼—吊死鬼	誘青年男女吊死
木鬼	產生臭蟲蚤虱蚊蠅使人間發生病痛
火鬼	以火災作祟人間
金鬼	主殺伐之災
水鬼	主冲溺之災

中央民族大学民族博物馆藏珍稀手稿丛刊(1)

土鬼　主崩陷之災

當鬼—無頭鬼　專找遭人殺死者來替生

魋鬼—老虎鬼或野獸鬼　專找替生為野獸咬死

落水鬼　專找溺死者替生

俄鬼—是非口舌鬼　專找為是非口舌而冤死者來替生

驟鬼—墮胎鬼　專找因生產而死者來替生

餓死鬼　專找餓死者來替生

一般沒有知識的麼些人，只要有病痛，亦認為有鬼作祟。非得請多巴來禳除不可。其儀式已在上節中述過。為了這一類的費用，常有傾家蕩產負債終身。但病者仍一無所補，生命常無法挽回，這種情形非待教育程度普遍提高後不易有顯著的改變。

第二節　喇嘛教

喇嘛教來自西藏並非麼些人原有的宗教，其影响尚還沒有深入，但是喇嘛教有富麗堂皇的寺廟，院在麗江境內就有五所大寺，均有大殿高閣，佛像林立，鄉人身入其內，敬畏之心油然而生。這是多巴教所無法競爭的一個因素。喇嘛教還有一个特點，就是嚴密的組織，教分黃、紅、白、黑、花五支，黃教（顯宗）勢力最大，紅教（密宗）次之，麗江一帶為紅教，紅教喇嘛的階級如左：

一、法王——共有五位，第一位最大，為大寶法王。

二、大喇嘛——即活佛，每一寺有一位，其來由於轉生。

三、二喇嘛——總管，對於經典須有研究，且須有人望，由選舉而來。

四、聰巴——經堂監督。

五、倡聚——事務總管理。

六、紐巴——即二倡聚，專管伙食。

七、賭巴——凡靜坐過三年的正式喇嘛。

八、小喇嘛

滇西一帶共有活佛十三人，喇嘛約二萬餘人，每一喇嘛從一師父學習藏文經典，在做賭巴以前，須到西康的德格或麗江的文峯寺或西藏的楚普三寺內去靜坐三年三月三日三時。靜坐的時候門禁閉在一座經殿內每日誦經絕對不與外界人士接觸。據云靜坐完畢後頭頂上會起一泡可插入一草深入寸餘在一般鄉人看来喇嘛是有學問的人物他會藏文又熟讀經典並且三年三月餘的靜坐也是難能可貴不是平常人所能忍受的。喇嘛雖可吃葷但不得娶婦出家人的超俗生活多少受人敬佩再加上喇嘛寺內都有廟產喇嘛生活並不依賴為人誦經所得的酬報故喇嘛的地位要比多巴為崇高這一點也是多巴教敵不過喇嘛教的另一因素。

喇嘛教既有上述的優越因素何以仍不能深入麼些人的宗教生活中呢喇嘛教是外來的宗教不能盡合他們的口味當然是一種原因。

其次喇嘛集中於幾个寺院内與一般鄉人隔離甚遠不像多巴那樣的到處隨地可以會到多巴是生活在他們裏面的喇嘛與他們是始終隔着若干距離所以不能像多巴那樣的接近所以一般人家需要祛禍禳災遇婚喪大事的時候多巴是不可或缺的但喇嘛参加的機會就少得多。

麗江五大喇嘛寺中與麼些人關係最密切的要算南山文筆峯下的文峯寺該寺於每年七月二十九日舉行一次驅逐女魔的宗教儀式遠近来参加的至少有數千人相傳古時候有女魔王共養子九九人常将百姓獨子取而食之釋迦将其么兒用鉢盂盖之她遍覓於地獄中三十三天都没有找到她又去釋迦處探視釋迦

告以並未看見她再三哀求告知其下落釋迦仍不允女魔王懇切告訴釋迦說她最愛么兒非找到不可釋迦才說九十九少一個何妨他人獨子常被你殺死應作何想女王自己懺悔経此之後不再吃人子但又無食料可充飢請求於釋迦釋迦允囑他的各代弟子於每餐所多餘的少許食物投棄給她並将么兒放出七月為不祥月一般民衆都於是月趕鬼女王為一切惡宙司所以該寺於二十九日供獻許多食物送之祭後即将麵粉塗黑製成的女魔偶像於寺外焚燒之腊月二十九日又送第二次但該日尚有其他的鬼同時祭送。

第三節　宗教傳說

在我國邊民中間流行許多非常美麗的宗教及歷史傳說因為當初沒有文字的記載專憑口說傳授內容上遂產生了不少的變化就在相當鄰近的區域免不了有若干不同的地方下面一段是關於創世祖先的傳說由多巴經上譯述出來的。

「洪荒時代天地混沌未開一切動搖未定天象未著日月未明星辰未出山谷未成河流未有真形未現實象未生由非真非實化生出現綠影綠露之氣由綠影綠氣化生出現一道白光白光出生美音美音出現英格阿革真神真神生白蛋白蛋生白雞白雞叫「恩榮恩毛」當時世上無飛鳥無走獸無宰官無巫覡無騎馬與耕牛亦無持矛披甲之人白雞飛自天空

吸取白雲為巢採摘綠草為巢衣鳴生九對雞蛋一對產生天

地神祇一對產生大小宮伸一對產生靈與䰟一對產生男神女神

一對產生知神能神一對產生度神量神一對產生巫覡一對產生

人民一對產生番夷。

稍後一代不真不實化生出現黑影黑露之氣黑氣生啞音

啞音生英格下那之神神又生一黑蛋黑蛋生黑雞黑雞叫富金

衰勞富金衰勞生九對黑蛋一對產生鬼與魅一對產生毒

鬼與山鬼一對產生魅與魎一對產生魍與魅。

及又後一代九位神兄弟為開天之師七位神姊妹為闢地之

師。九兄弟與七姊妹豎白螺天柱於東方豎綠萵天柱於南方。

豎白玉天柱於西方，豎黄金天柱於北方，豎黑鐵天柱於中央，用綠松嵩石以補天，用黄金鑛以鎮地，天地始賴以安穩。

更後一代，有一黄雞生一黄蛋，當嚴冬三月雪凍不能鵬孵，陽春三月風大不能孵，暑夏三月雨飄不能孵，涼秋三月土結不能孵，以不孵之蛋投於大海，左生黑風，右生白風，風飄觸岩石之上，生出無冠而生角，無爪而生蹄之雞，雞以高角撞天，發現滿天星宿，雞以粗蹄蹈地，地即坦平，雞以長毛變草，青草滿地，……

於是鸛鴿鳥、黑烏鴉、白蝴蝶、黄螞蟻先後出現。

上有天氣，下有地氣，二氣交會，化生白露，白露變三海，三海

生，恨古，恨古生母蕊初初，初初生初魚，初魚生初局，初局
生井蕊，井蕊生肯蕊，肯蕊生晁增利恩，利恩五弟兄金梅
六姊妹五弟兄與六姊妹結婚織褻天地與星辰山將崩而
虎豹不能行，水將沸而魚獺不能游，利恩往松嶺趕牛趕羊
採蕨度日。

晁增利恩不知莊稼，學蝴蝶與螞蟻作工，六姊妹與五弟兄
結婚，織褻天地日月星辰，天將崩翻地將覆，山將崩，水將沸，日月昏
昏失明，虎豹倉皇失道，松林之黑石怒吼，男神女神怒走，利恩
問於天神，天神示以奇方。

利恩手斬白蹄之毛牛，以牛皮製衣為革囊，細錐粗線釘上

懸繩九根，以三根繫於柏樹，三根繫於杉樹，三根聯繫天地之間。利恩又以寶物九件，穀種十樣，金色之山羊、小狗及公雞，皆藏在囊中。三日夜後，山崩水沸，雷鳴，白松樹被雷轟炸，利恩被雷轟炸，炸成一股烟子，不知失於何處。

利恩飛到高陵高岸之上，計時已有七月之久，拔出腰刀劃破革囊，觀望茫茫大地，左無馱運之人，右無耕稼之人，山愈高，谷愈深，金色之羊在樹下啼叫，似說幼時飽食青草，而今地上無草可吃，黃雞、黃狗亦在岩間悲啼，似訴無飲無食之苦。

利恩披着白茅之衣，獨自射箭生活，走至雪山之松林中，無侶無伴，以自叫回鄉音，認為友聲，從世里大吉河畔走來，佇立綠樹叢中眺望日間飄起一縷炊烟，天地創造神驚異，道世上莫非還有人類遺留，立即削製九對木人木馬，有眼有手有脚，但是不能看，不能動，不能走。

女神取木偶擲之岩穴，穴中有回聲，取木偶投入林間，變成小神子，取木偶放在水中，產出水中魅魎。

晁增利恩急於求偶，許久無獲，天地創造神道，美雙星岩下有天女二人，一美一善，美者目橫秋波，但汝勿娶，善者眼雖不美，汝須娶來。利恩想身巧不如心巧，心巧不如貌美，貌美不如眼美，竟娶美目之天女。

利恩與天女結合後，造化產生，產出松胎，粟胎，產出熊胎猪胎、產出猴胎雞胎、產出蛇胎蛙胎、天地創造神說利恩不聽吾言、遭此凶怪之苦、旋將松兒栗兒驅至山上、熊兒猪兒驅至林間、猴兒雞兒驅至岩間、蛇兒蛙兒驅至湖海。

利恩登天再求偶、襯紅襖白女尋夫下凡塵梅花二度開所求所尋喜相遇、利恩騎上白鶴飛来至有神之天國。知勞天神道：「夜間羊鳴鶯早上犬吠、須快磨刀戒嚴。」襯紅襖白女說「父親不必磨刀戒嚴、地上山崩水沸、伊能為之天晴、可以使之晒物、天雨可以使之引水、父親何必戒嚴。」知勞天神說「既然如此、快請女婿来。」即取九河之水、令其洗淨污垢、用九餅膏藥油令其塗擦滑光、利恩走過九刀搭成之橋而来、除手心脚心微傷外，全身毫無刀割之痕。

利恩與襯紅褒白女結婚，一胎生出三子，三子年各六歲，尚不能言語。利恩夫婦即使蝙蝠使者往問天神，知勞天神道：汝等僅知享受萬物，而不思有所利於萬物，更無感謝上天的意思，即令利恩夫婦每年祭天二次（正月七月各一次，此禮至今仍盛行於麗江一帶之摩娑民族間）。利恩照辦，以後有一天看見馬吃蕪菁，長子忽然說出一句後來的古宗話；次子說出一句摩娑話；三子說出一句民家話，皆說馬吃蕪青之意，而三個孩子說出各不相同之語。長子後為藏族之祖，次子後為摩娑族之祖，季子後為民家之祖。

第四節　放蠱

麼些人生病，尤其小孩，十之七八皆曰中蠱。蠱的種類甚多，有魚蠱、蛙蠱、蛇蠱、蝴蝶蠱、樹葉蠱、蜈蚣蠱……中蠱者據云均面黃肌瘦，腹脹神衰，雖有輕重之別，日久必不治而死。

放蠱者大都為女子，麼些人稱之曰「敵美」（音譯，即毒藥母之意），漢人稱為藥婆。養蠱者衣服極少整齊，往往蓬首垢面，態度行止亦倉皇不定，一望即使人發生疑畏。養蠱者見人飲食，必放毒害人。其法用手抓搔鬢間，伺飲食者，彈其指甲，毒即上身。但默唸妖符妖咒，亦能施毒於人。

蠱毒既這樣厲害，他們自有預防及解除的方法。據說為預防計飲食可用「冬棕筷」（以冬棕樹做的筷）毒即不能近身。若於飲食時發現放蠱者在旁即刻倒持筷子，或即刻問明時日記之，蠱即不能肆虐，如果証明已中蠱毒，當立即設法解除除毒方法有下列數種：

一、略割脊椎部的皮膚，放出血液少許，滴入冷水中，中何種蠱，血即凝成何種形狀，如血凝成蛙形，即中青蛙蠱。如變成長蛇形，即為長蛇蠱，如為蜈蚣形，即為蜈蚣蠱。然後用火燒化蠱形的血，毒即可解。

二、取灶中泥土少許和水煎服之。

三、用牡丹花根搗末吞服之。

四、用破鼓皮七寸燒灰和酒冲服之，服時須自呼蠱主姓名。

蠱之為物，純係猜度而來的心理作用。在鄉間衛生環境極度惡劣，醫藥常識缺乏的生活中，染病中毒當然常會發生，尤其在童年時代病痛，向較成人為多，得病之後無法解釋，遂籠統稱之曰中蠱。至於蠱的形狀，人言人異，惟都信牠能變化，忽有忽無，忽大忽小，見之殊難識別。關於作蠱的神秘性，有似神話的無稽，姑錄一二節為例，藉以表示麽些人對此的心理反應。

一、有一次鄰家辦婚事，一羣少女聚宿鄰家，解衣時一少女衣內墜下一蛇，蛇自擺動，眾女大驚狂叫，墜蛇女急辯曰，這是我的褲帶，眾女再趋前注視，果為褲帶，據麽些人的解釋那條蛇實在是蠱該少女就是養蠱的主人。

二、有一次某家有一獨子忽中蠱毒毒重垂死他的父母曾生過三子，均中毒而死今所剩的獨子又將被毒死自然憤恨之至。他就提了一把利刀直奔到他認為作蠱的家裏去威脅蠱主。放出額血給與獨子吮吸因為這種蠱毒。非吸作蠱者的額血不能醫治。蠱主被迫衹得割放額血使獨子吮吸飲。病即痊愈。

第五節　徵兆迷信

無論那種民族對於禽獸的生活動。衹要與常態略有不同。即認為有徵兆的意義。就是日常生活偶有意外亦視為吉凶的

中央民族大学民族博物馆藏珍稀手稿丛刊 (1)

預兆至於面貌體態，更有一套推測。拿麼些人中自不能例外，茲將他們普遍所信仰的舉例如左：

一、生物活動類

1、烏鴉夜啼為火災的徵兆，白日叫就會有人死。

2、狗哭，主人家將有喪事。

3、喜鵲啼表示會發財。

4、八月裏馬生小馬為不祥。

5、猪蹄生五趾或六趾為不祥。

6、老鼠搬家亦為不祥。

7、蛇進屋，亦認為不祥。

8、狗上屋，表示必有火災，須請多巴或道士禳災。

9、蚱蜢飛進屋，表示不祥，須向之燒紙於瓦片上，叩首送走。

10、狗來家主不吉，貓來主吉。

11、見蛇交尾為不吉。

12、鷄生小蛋（特别小）又生大蛋為不吉。

13、鷄生軟壳蛋亦主不吉。

14、母鷄學公鷄叫，亦稱不祥。

15、半夜馬嘶牛鳴主不祥。

16、羊雙生，主不祥。

17、小鷄爬在母鷄的胸膛上，主不吉。

18、小山羊生彎脚小羊不祥。

19、狗生小狗，全胎雄性主不吉。

20、小猪全胎母性主不祥，合胎公性主吉。（生財）

21、老鼠領着一羣小鼠行走，主不祥。

22、鷄一窩全屬母鷄主吉。

23、麦生一不二穗不祥。

24、竹生二大义不祥。

25、野蜂来做窩不祥。

26、放牛外出如牛尾绕於叢刺上将牛尾割斷，主不吉。

27、豺犬進屋不吉。

28、野獸到村中，主不祥。

29、猪生一耳，主不祥。

二、夢兆類

1、夢見過橋，主有死喪。

2、夢見雨，不吉。

3、夢見雪，主有孝服。

4、夢見日出，主吉。

5、夢見日落，不吉。

6、夢見日月蝕，不吉，父母會死。

7、夢見牙齒落，主有疾病死亡。

8、夢見自己死、主平安。

9、夢見先輩、主下雨。

10、夢見生小兒、主有是非。

11、夢見神仙、主有是非。

12、多巴夢見法事、主明日有人来請。

13、夢見已死父母、主来保佑家人。

14、夢見蛇、主遇蠱。

15、夢見棺材、主不吉。

16、夢見火災、主吉。

17、狀夢見洪水、主不吉。

三、相貌類

1、眼大主狡猾。

2、眉濃、主狡猾。

3、八字鬍、主有福。

4、痣上生鬚、主福。

5、下額長主長壽。短者短壽。

6、女子顴骨高、主性情活潑、有多情人。

7、腳大當人奴隸。

8、女子奶大主多子、小者生產不多。

9、女子無陰毛者會尅夫、無福澤、名曰「白板壁」。

手指上的螺教
指示吉凶如下：

10、皮膚白主體弱，黑者主體强。

11、頭髮在額上高者聰明，低者笨。

12、男子聲大有威能嚇鬼，女子聲大性惡尅夫。

13、一螺吉　二螺不吉　三螺吉　四螺能做小生意

五螺賣油郎　六螺吉　七螺吉　八螺吉

九螺吉　十螺點狀元

14、鼻大主有福。

15、耳大主有福。

16、頸大主有福。

17、嘴大主有福。

18、有臉上酒窩者性情活潑。

19、痣在額骨上，主多眼淚。

20、痣在額中間者，多福。

21、痣在頸項上，主斷頭。

22、頸長，無主無力，並懶。短者，主力大勤勞。

23、手指長，主懶。

24、鼻孔大，主吉。

25、雙眼皮聰明，單眼皮笨。

26、牙齒大，福祿多，小主不吉。

27、石男石女（中性人）不吉，不能生育。

28、生殖器（男女均然）大多生育。

29、陰户較後名曰「吊岩屄」主出生小兒多弱，較前者，兒女體強。

30、陰毛濃者，多福。

四　日常活動類

1、食物時，咬破舌頭，主可得肉食。

2、噴涕，主有酒喝。

3、眼跳，左主吉，右主凶。

4、耳熱，主有人背後說壞話，解法用口液吐於後衣角上。

5、行路時，足趾觸地，主家中女人咒他。

6、山行間路遇水流，主吉。

7. 殺鷄殺猪血多，主發財。

8. 吃飯時，筷無故落地，主不吉。

9. 口中液水無意中呑下，主有人要請晏。

10. 樑断不吉，主有人死。

11. 手在籬笆劃破，主不吉。

12. 灶上火笑（火旺發音）主吉。

13. 人被雷打死，主其人有罪惡。

14. 女人自殺而不死，主多福。

15. 出門遇蛇，主吉，會發財。

16. 出門打破碗，主不祥。

17、筷子折断不祥。

18、門前點香條落下之灰如成一圓形，主吉。

19、香條燃後滅息主不祥。

20、喜事破碗主不祥。

21、做酒甜變為酸主不祥吉。

22、鷄燒熟後於食時如鷄爪抓住一塊鷄肉主吉。

23、鷄燒熟後於食時如鷄嘴張開主不祥。

24、殺猪不見血不祥。

25、日落時生小兒不祥。日昇時或鷄鳴時生兒主吉。

26、正月生男不祥，主多官司（訴訟）。五月生子主吉。

27、正月生女主吉，五月生女主貧。

28、孕婦四十九歲生女主不祥，會絶後。

29、男子四十九歲時生子，主吉。

30、六月火把節死人主不祥，死後為鬼的犧牲物。

31、七月十四死者不祥，為鬼之揹夫。

32、七月十五死者吉，能到宗祖旁。

33、大除夕生者主吉，為多福祿。

34、衿襠被鼠咬不祥，主人盡死。

35、衣物被鼠咬，主不祥。

36、茶杯中茶枝豎立，主有客人來。

37、酒杯中落蒼蠅，主易醉。

38、灯火開花主吉。

39、男子見女子解大小便不祥，经商必失敗。

40、見人性交主大不祥。（做生意失敗、疾病出門跌交等。）

41、小兒夜啼主明日下淚。

42、烟不出屋主明日下雨。

43、犂頭破缺主不吉。

44、播種逢龍日，收穫特别多。

45、耕田在七月初七、十七、二十七，不吉，收穫不好。

第五章 婚姻及生育

第一節 訂婚

麼些人締結兒女婚姻，雙方選擇對象，大都從附近親戚鄰友間為範圍，如姑表姨表中年齡相當的兒女最合婚配條件，舅舅的兒子有追娶姑母女兒的權利，除非占卜的結果認為不吉始可拒絕，如親戚中無人可選擇，即由本村選至他村，多方託由親友介紹，祇要雙方家長議定，兒女竟可至不相知，因此麼些人的婚姻，至少有一部份還是相當專制。但是青年男女的戀愛還是可以自由，不過要得到雙方家長的同意，否則雙方儘管情投意合，亦難結為配偶，所以戀愛不一定都能達到結婚的目的，過去許多多情男女格於父母的意志常有殉情同死於深山叢林間的關於這一點在另節中當再專述。

麼些人的姓不像漢族的多大多數的人姓和楊王李張木趙段等所以同姓不婚的風俗在他們裏面當然不能存在普通凡血統在三代以外者儘管同姓亦可通婚，惟在南山吉子堪一帶則不能通婚。麗江第六區寶山一帶伯父的兒子可娶叔父的女兒反之亦可而且相當流行，這也可以証明在麼些人中的風俗地方差異性也相當的大。

麼些人的訂婚都由男方主動「問字」普通媒人都以子女雙全的親戚鄰居或朋友來担任，多半為女子，但孀婦不能充媒人做媒是人人樂意的，因為一般人都相信做過十次媒等於做了一件大善事。媒人說親時先由男家帶去糖兩合米二升酒一小瓶並交下生辰八字。如女已許人或不願出嫁則將禮物退回。如女家允許可將禮物收下。送禮前媒人須非正式探問四五次女家始正式答覆所謂問字多半由多巴占卜算命来決定。多巴用卡片二十七張上有畫如天神老虎等分吉凶二類，每張繫一線。卜時將卡片弄亂線頭亦搓在一起由雙方家長抽一線，如抽出的卡片屬凶即停止進行，如為吉再合八字並算「關口」是否相合，如不合又即中止。問字時間總在五六歲以後十歲左右最多，如太早認為「做鬼生活」意。因小兒出痘頗為危險須待出痘後再能進行。亦有在一歲左右就行問字的，反過来說貧窮人家亦有候到十七歲始進行問字的。雙方年齡相差，普通相差一二年，但因意外（如訂婚後對方死去者）亦有彼此相差很大的。

問卜可以抽卡片而請多巴卜鷄卦，將鷄燒熟，點香一枝，以鷄眼上的小骨（形如 ）左右二塊放在酒碗內，如落下時成 形或 形表平庸，如成 形表示最吉，若成 則為不吉，表示相背的象徵。

問字後須候吉月始舉行定酒，最小七八歲，最晚婚前一年，時間在二、五、八月為吉利，七、九、十月為不吉利，尤以正月為最多，均須於雙日舉行儀式，為男家送女家銀鐲一對，酒一罎（色黃，以小麥釀成的酒，稱以大麥做成的白酒，味帶甜，流行於麗江），糖八到十二合，魚三條，米一背籃，約二升，茶二斤，由媒人偕親戚中的小姑娘每人拿一樣物件前往，時間在上午。女家以葉碟招待媒人，以引酒倒少許於庭院中。

表示祭天謝地，再以少許倒注於祖宗神位之前。過後再敬女家家長、及其他家人。每人飲時，媒人須說吉利話，如「長命富貴子孫滿堂」等。盤由媒人持托，中放酒杯二隻，內置棗子一二枚，芝蔴若干（敬酒時媒人須向被敬者叩頭，惟這祇限於中甸江邊一帶）。敬酒時，媒人須說：你家兒女（或孫女侄女）的酒，被敬者接受時，須先倒少許於地，再飲少許。媒人敬畢，女家回敬媒人，由女母托盤敬酒，表示酬謝其辛苦。

女家回禮也有一定的規矩，男家送來的茶糖，例須送還一半，酒罎內的酒倒出後，換以清水奉還，再加上糌粑二枚，作為回敬，在南山一帶，女家不行回禮，惟酒罎內的酒不全部倒出，須畧剩少許帶回，以示有餘的徵象。

媒人及男家來的親戚均稍食糖食點心而追賀客吃糖食時，亦有飲酒的，大家飲畢，亦就分途返家。媒人除得女家回禮中的一半外，男家又加贈塔形的粑粑餅糕等，歸家後切成小塊，分送其親友。南山一帶，男女家各送媒人長形的粑粑六條，肉六條，他們收下後，不分親戚中向的江邊，媒人於定酒時得衣料一件，南山祇得半件，於結婚時始贈送。

上述的各種儀式，也有因區域的不同而稍有改易異，例如在南山一帶，於定酒時，男家送女家的銀鐲，可有可無，並不視為必要禮物。在近來銀價暴漲後，更不能每家必備其他禮物，與他處大致相同，惟無魚禮，這當然是環境限制的結果。媒人敬酒，不用引酒，而用白酒杯中不放棗子及芝麻。吉子壩一帶，男家僅送一只銀鐲，結婚時，女家加配一只，使之成對。富有者有配二三只的。這都是大同（小）中的異，在生活的各方面處處都可看到類似的狀態。

第二節　結婚

定酒後到結婚時，男家請媒人携酒一罎去要求，如蒙允許，酒即留下，否則退回。有延至二三年始答應的。女家答應後，男家即請多巴占卜，並擇定吉日。日期既定後，男家以酒四五杯，連同紅帖上寫明日期，或口信正式通知女家，俾事前有所準備。

結婚時，男家請酒二日，即新娘進門日及第二日。遠道來的客人於第一日的中飯即以便餐招待。男家於先頭派媒人夫婦偕新郎帶着米些升、糖四合、引酒一罎、清酒一罎、十二斤重的一塊猪肉土布料一件，放在馬上，送往女家。新郎媒人隨馬而行，至女家後，當夜宿女家。新郎到達後，須至祖先位前及新娘的父母叔伯母舅前叩首，女家宴客招待男家賀客，旋即隨去。新娘父母亦同往會親家，並携米二斤，酒一罎，作為禮物，夜間亦留宿男家，但没有歌舞的集會，如客人過多時，可借宿鄰居處。第二日，親家等早飯後即返。新娘新郎及媒人須俟擇定之吉時，才返男家。出門時，媒人引新郎向祖先岳父母新娘的舅父叔伯及兄弟叩首，又引新娘向同樣人物（除兄弟外）叩首道别。此時新娘須啼哭，至半途始停止。陪同新娘前往夫家者，有兄或弟及嫂妹朋友數人，在南山則為伯父叔父舅父母姑母及嫂與女友二人，都不騎馬，也不坐轎。新娘以紅布蒙面出門時由媒人扶行，以後即自動行走。

新娘新郎到達家門時，新娘的蒙面布，即由男家一小孩揭去，媒人即引他們入灶房，新娘手持香五枝，向灶神作揖，新郎向送新娘的長輩跪拜，拜畢，結婚即開始。事先男家託多巴做就白木箭一枝，名曰樹箭，長約一二尺，箭頭紮五條顏色布或綢（青黃赤白黑）

樹塔一枝，與樹箭長短相同，鑿成九層，樹梯一具（大小與樹塔彷彿，亦分九級，結婚時，新夫婦跪於灶前，各持一束紅絲的兩端，紅絲交結，作為永久紀念。（限於麗江壩子）多巴以樹箭及秤交新郎，持於手中，以樹塔、樹梯及銅鎖，交於新娘，秤表示稱錢進門，鎖表示將錢財鎖在屋內。二人跪於灶前，女右男左，多巴以酥油一小塊放於新夫婦額上任其溶化一面誦经歷時須一二小時完畢後樹箭樹梯樹塔交給多巴由多巴插入祖神前面的竹籬內此時新娘即可入新房新郎亦即出外女子出嫁時女家僅備衣服一套羊皮披一件毡一件及銀手鐲一只男家必須預備另一套新衣以配之此外一無其他嫁粧故新房內一無長物。

在麼些人中並沒有關新房的風俗僅女家陪来的女友及兄嫂等可進新房其他的人不能進去在買紫蘇吉子埧等處新娘獨自在房用飯別處則出来與衆同食晚飯後舉行跳舞在庭院中生火一大堆男女青年各分一組然後携手聯合成為一大圈繞着火堆且歌且舞詞調極其婉麗動人新郎新娘亦參加其中休息時主人敬以糖茶及

酒如來客衆多，歌舞可達旦始散，毫無倦容。新婚夜並不同房，新娘與同來的女友同宿。

第二天新娘起床後挑水時以二枝香條點着插在挑水處，回來掃地，為客準備洗臉水，以燕麥麵及早茶招待客人，早餐有菜三四碗，午餐有六到八碗，晚餐亦較簡單，僅三碗，每餐均有酒肉，新郎新娘出外陪客，女家來的親友第二天即回去，親戚回去時新娘須各送糖一合，女友二人則不必送，其他賀客於午飯後大都星散，每家帶回餌塊二塊，夜間不再舉行跳舞，新娘則由夫家的女郎陪睡。

第三天早飯後回門，新郎偕伴郎二人（未結婚的親友均可充任）新娘亦偕男家未結婚的女子二人同行，新娘等三人先走，携有一袋切成小塊的砂糖，途中逢人便送食一塊。新郎等二人隨後而行，亦携酒一壺，沿途逢人就敬。女家普通不必請客，僅留此六人午飯。飯畢，新郎請岳父母連同新娘又回夫家，設一隆重酒席，分男女二棹宴請新親家。第三夜新夫婦仍不同房，新婦另一房，男子則到處可睡。此後夫婦僅能在野外或私入婦房或其他側室內同床，終身不能公開同睡，尤不能在廚房內火坑上同寢。成為家主後雖可同睡火坑，但形式上仍分兩邊而睡。

拿喜人的婚事目為一件大事，決非當事人的一家單獨能够勝任的。在結婚的二三日內，由總理一人、提調一人、庫房一人指揮一切。此外內外招待男女各一人或二人，司煙酒茶的一人，司廚七八人，司飯一人，司水火二人專管柴火挑水等事、司樂一人或二人總理提調庫房、請親友中有經驗的長者担任、不送酬禮、其他的人員、或由主人聘請或自動幫忙、都不致酬、司飯司樂及司厨大都僱用、每日致酬約百元以上、各種職務均開明姓名列於紅榜（執事榜）高貼門前、主人須二向之拱手作揖、請其任事、給酬報的則不必作揖、一切工作人員均在大事先後一三日進退、一切飲食均由主人招待。

第三節 其他婚俗

麽些人中男子在四五十歲以下而斷弦者、例可續弦、在這個年齡以上、如無子女仍可續娶、如已有子女、大都不再結婚、續娶時新婦如係處女一切結婚手續沒有多大區別、如係孀婦、除請多巴舉行結婚儀式外

一切均較簡單不過問字定酒等手續仍如舊。如孀婦已有兒子的須
祭其先夫一次由其子主祭。假如沒有子女則不必祭。後夫應繳若干
費用交於前夫家作為超度前夫之用。孀婦如無子女可自由再嫁
如已有子女須得先夫家的同意始可出嫁。如子女大者往往留前夫家
如年齡尚幼則往往隨母[illegible]嫁下堂。
男女結婚後絕對不能離婚。無論雙方感情如何惡劣亦無法脫離
夫婦關係。訂婚後如一方變為殘廢由家長協議可廢除婚約。如一方
死亡則婚約自然解除。對方並不負任何責任。亦不必弔喪服孝。亦並
不視為不吉。

入贅風俗在拿喜人中亦很風行。男方仍須送女家婚禮與普通

婚姻相同，惟結婚時不請客，亦不送禮，結婚於女家的祖堂前舉行儀式，與普通婚姻相同。結婚後，新夫雖住女家，但姓名不改，子女改姓，如男家中無嗣，子孫中的一部仍可歸宗。惟在麗江城內入贅者，都改姓改名，但入贅的人數極少。

再有一件事與婚姻有關，在別處比較少見的，就是麼些人中的情死事件。麼些人的結婚完全須得父母同意，且由父母主持，如已經訂婚，而男女任何一方另有情侶，但無法達到婚姻目的的，或兩方已發生性關係，女子已懷孕時，常會發生雙雙殉情而死。這種青年進行情愛，父母不知其情，到了決定死期後，雙雙更換新衣，去廟宇燒香，或外出郊遊數日後，同赴雪山，雙雙吊死，或由高岩跳入深谷，或服鴉片，或吞草烏根

（毒草名）而死。死前往往通知他們的至友，但決不告訴父母。此種情死在麼些青年中目為可謌可泣的榮譽舉動，故其至友總會代其暫守秘密，到了事後才去通知有關各方。這類事件在以前甚為流行，每年總會發生幾對，在近年也仍時有所聞。在東山的廟宇內當局已勒牌嚴禁，但仍不能完全禁止。

情死發覺後，雙方父母就在出事地點舉行火葬，並請多巴舉行祭風道場，誦述情死者的靈魂徘徊於美麗快活的地境內。一般在場的青年男女聽了以後，常常心醉神往，這無意中也是促進情死風氣的一個原因。火葬及誦經費用均由男方負担，因為女子既與之同死，即被視為男家的人。男方於定酒時所送的銀鐲，於情死後由女方歸還男家，如因他故而病死者則不歸還，近年來被抽的兵役因事回家常有約同情侶共同情死者。至於因此而留下兵額的替代人則由女方負責尋找。

情死而成功者，一般的人都抱憐而敬之的態度，雙方家屬亦不大追究，都引作一件不幸事罷了。倘任何一方有偷生避死的形跡結果一方殉情，一方逃生，那一般人都目為極不名譽之事，將絕對受人輕視。前年南山曾有一件情死事發生，但男方未死，結果各方責難，彼無法在本地立足，不久此人就不知去向。

第四節　生育

女子出嫁後，久不生育者，可拿白木一塊至娘娘廟內填香爐腳，或到金沙江邊玉龍山西北麓太子洞內，偷取一石塊帶歸供於祖位前，以後如果生產，須將該石塊歸回原處。更有人相信凡不孕者，可赴鷄足山燒香，在銅瓦殿太子閣內以銅錢投射太子像，如投中即可望有孕。

孕婦於生產前有許多禁忌，茲畧舉數則以為例：

一、忌食兔，否則小兒生後口唇中會有缺縫。

二、忌坐在門檻上以刀砍物，免難產。

三、忌跨過馬韁繩，免難產。

四、忌在孕婦前談難產及產婦女死亡等事。

五、忌夜間看鏡。

六、忌持拉圾掃堆在屋角（象徵鎮塞鼠穴），否則出生後之子或女無肛門。

七、忌見產婦，免奶水收縮。

八、有孕後，丈夫忌外出。

九、忌脫褲而睡，否則會懷鬼胎。

十、忌接受生過雙生子的婦人從圍腰內傳遞物件，否則也會雙生。

生肖及月份在拿喜人中亦有一定信仰，男屬龍主吉，屬豬不祥，屬馬則命大。女屬虎性燥，屬羊主順服，屬兔主吉，正月生男不吉，主尅父，生女則無關。五月生兔主吉。與滇西的漢人信仰適相反。若生時適值日月蝕，主不吉。

孕婦生男生女事前據云可以看出，母胎圓者主生男，胎較長者主生女，因女生時面朝外，男生時面朝內，故曰女生向外，男生向內。

孕婦生產時，由有經驗之婦人為之助產，除丈夫外，男子不准在旁。生產時不得睡臥床上，亦不得用盆，祇能落在地下。樓上不許生產，產房如有地板，須鋪上泥土少許，使嬰兒生下後在土上滾二三分鐘後，再抱起洗擦，取「土生土長」之意。即在高貴的木土司家裏情形也是一樣。他們專有產房，設在地窩，四面石牆，地為泥土。胎衣如不下，則以酒罎或酒缸使產婦用力吸缸口，即可下落。臍帶用剪刀或碎磁片割斷，結縷於舊草鞋，連同胎衣埋在山坡。如以前各產均未長育，則胎衣埋於床下，或十字路口的石板下。剩下在身上的臍帶，用線紮緊，墊以棉花，繞成一圈，鋪以燒過的紅絨繩或氆氌（毛織品）的灰，五天後即全脫落。望男心切的產婦，倘不如願而生產了女兒，於剛出世時以竹籮蓋之

謂下胎即可生男。一個嬰兒生出後，即為之秤體重，謂易於快養。如
重六斤，即以六斤名小兒。

女子生產後，不得平睡於床上，產牀鋪草蓆，上置一瓦片，產婦坐
其上。如係頭產，須坐五天五夜，第二胎以後，則三天三夜後，始可解衣
平睡於被褥上。

如遇難產，丈夫必須等在房內，於必要時，由丈夫抱腰上提。丈夫如
不在家，產婦可穿着丈夫的衣服，或將丈夫的枕頭等物嗅聞，腹
痛可以亂髮燒灰，研細後，冲水服下，謂可減痛。女子因難產而死者，
須剖腹將小兒取出，否則胎兒會變妖怪。屍體舉行火葬，不得葬
於祖墳，必須另埋一處，請多巴誦禳血腥鬼道場，百日後，請多巴或

喇嘛誦禳祭風道場，死嬰以席裹後投棄於叢林荊棘中，或投入流水或埋於土內，並請多巴禳鬼一次。

女子不喜雙生嬰兒的，如双生嬰兒中必死其一，須以一個小木人裝入小棺內陪葬，以替生者陪往陰間，否則其一亦必會死，惟這種風俗在南山吉于一帶並不流行。

產婦在坐褥期內有許多應做及忌諱的事，略舉數例如下：

生產後，產婦須飲童便十日，糯米湯圓放糖的米酒一天一碗，鷄蛋每天二枚，忌食青菜白菜魚鷄，食飯時忌用磁碗，否則牙根會軟，產後忌見陽光，滿月前在外行路，須撑傘或戴雨帽，因產婦帶血，必須迴避天神，在灶房與臥室分開的區域內生產後一週內不許進灶房，產房門上掛一水鑩，中插筷子一雙，門紐上倒扣一鎖，表示拒絕有孕女子入內，將產婦的奶水收去，不能言語的嬰兒也忌進產房，否則所生嬰兒會變啞吧。滿月前，產婦不進寺廟，產後至少一年不得性交。鄉間有延至二年之久者，生產後不到二年又生子女者，會受人譏笑。

小兒落地，一經包裹完畢，即以稀黃鷄糞喂之，這是小兒第一次的食物「開口奶」。不由母親自喂，男孩由正在哺女孩的奶母喂之；女孩則由正在哺男孩的奶母喂之。在哺喂之前，須向奶母敬白酒一碗、荷包蛋二枚。女子於第一次生產後，須以清水洗奶，以猪鬃一根刺奶頭一下，以示通奶之意。拿喜婦女都自喂奶，倘有奶量不足者，在麗江塤子上流行吃韭菜根及猪蹄，湯南山一帶多喝白酒。

頭一次不管是男是女都當作一件大事小兒生後二三天父親須到岳家去叩頭道謝一週後以白酒一碗白鷄蛋二枚送給親友鄰居接到喜報後即須送禮普通的為鷄一只或鷄蛋二三十枚在城内先送鷄蛋二十枚隔四五天再送肉二三斤小兒於七八日後須將頭髮及眉毛剃去剃晚則人會變笨剃畢用酒麵沖碎後塗於頭上以後不易受傷到了滿月時產婦須携小兒到外婆家去走一趟外婆家送腊肉一條重二三斤錢一吊帽一頂衣服五六件其他親友送米一盤約一升糖二合有時亦有送錢的滿月酒頗熱鬧以外婆家裏的人為上賓酒席開始以前先敬來賓白酒一碗中放荷包蛋二枚鄉間的情形沒有這樣鋪張送禮亦輕微得多。

小兒題名字亦於滿月時舉行。城內由祖父母或父母提取，鄉間大都由多巴提取，南山一帶的男孩，以祖父名字的最後一字加父親名字的最後一字，再加一字成三字。名女兒以「觀音」「豬女」「五斤」「六斤」「七斤」等名字為最流行。

滿月的那天，產婦須穿新衣，小兒由其妹或小姑懷抱，同到廟內燒香，並到城內為小兒購買藕一段，筆一枝，明子（引火柴）一根，墨一錠，三字經一本，如係女孩則買小魚四條或六條及明子一根，此外另買糖食一盤，路上遇見熟人即送食一糖，接食者須報以「長命富貴」等吉利語。鄉間沒有這種風俗，產婦不燒香，不買上述的物件，惟產婦亦須獨自回娘家一次。

嬰兒有病，亦僅能採用迷信的驅鬼方式以禳除之，惟有若干丹方亦頗流行。小兒第一次剃下來的頭髮，用紅布包好，小兒如有疾病可取出燒灰，後冲水服用。小兒臍帶脫下後把牠晒乾，拌以雄黃磨細成粉冲水服用，可治小兒胃虫。把黑狗尾巴砍斷流下的血，可治小兒驚風。頭上疙瘩，可請母舅以艾草做成絨形，隔以薄蒜一片用火炙之可愈。患疥瘡者，以瓦松（瓦上生長的苔類）燒成灰，拌以油塗患處（可愈）。鄉間小兒不種牛痘，僅種水痘，以出天花者之瘡蓋磨成粉，盛於細竹管內，吹入鼻孔，其效力當遠不及牛痘，所以患天花而死的小孩為數極多。

第六章 喪葬

第一節 斷氣時情形

拿喜人於臨死時，即須請多巴來家指引冥路，由家人自引者，亦有相傳古時的拿喜人分為「樹」「蓉」「和」「梅」四大支，所以送死者靈魂時，「樹」族不能送於「蓉」族的冥界，「和」族不能送往「梅」族的冥界。

人一斷氣，家人即哭，並以米粒碎少許，茶叶一二片用紅紙包成（□長方形圖）三包，分三次放在死人口內，未斷氣時一次，隔一二分鐘再一次，孝子以土鉢至泉水處盛水，並以銅錢四五枚擲於泉內，將水帶回，架於火坑三脚架上，燒熱後，用以洗屍體（女屍由家中女人洗，男屍男人洗，（但孝子孝女不洗。）洗畢滿身抹油，抹畢，更換新衣（富者用綢，貧者用布衣）富有者鋪一墊褥，上覆新被，棺材有做就的，有家中原有的舊板，死後臨時做的，亦有向人借板或買板來做的，大致棺木厚六七寸，青年未結婚的人則用薄板棺，內除屍體外，放置一些死者用過的衣物行李，屍體先停在火坑上，頭向外，棺放在院中，屍由家族抬出放入（麗江城風俗，死人不能見天，但南山一帶無此習俗）家族人抬，女屍亦由男人抬，孝子不抬，棺木頭向北，入棺後，將紙錢放入棺內，以谷子蕎麥炸一碗，撒於棺內外，孝子孝女大哭，同時蓋棺，但不釘釘，因為死後親友小輩尚須叩首（長輩對下輩不必）有堂屋的將棺木放於堂屋中，

中央民族大学民族博物馆藏珍稀手稿丛刊(1)

無堂屋的存於屋緣下，貧者當日就抬至山地埋葬，入殮不擇時辰，死日如與孝子生[illegible]同，必須於次日入殮，頭七內埋葬的不擇日，頭七外須擇日。

死人斷氣後，須以合碗飯中置鷄蛋，如，放於屍首炎坑上，並點香一枝，酒茶各一杯，入殮時將祭物及油燈移至棺前的小棹上，同時燒紙，親友來弔須叩首頭，家人須報之以哭聲，弔客如係女性，亦須帶哭赴弔，長輩不叩頭，但亦應畧示哭意，來時帶香一枝，點燃後放於靈前，弔喪者如係同一村內的人及住在遠處的親戚來時須帶飯一碗（如死者配偶已死，應用二碗），放在靈前叩首奉獻後，帶回廚房，弔者除至親家族外，大都在大殮後再來弔問，除有就便設壇於自然的樹林内的。

定期的祭神、每年規定有四次正月祭天神。三月祭地谷神。七月祭家神。十二月祭天神。祀日皆有定期、不過各民族間略有先後如正月有、初三、五、初九、十一等三期、其中分「普渡」「古蕃」「古刹」三種派別、祭祀詳情下面當再詳述。

與神相對於的為鬼拿喜人都相信人死後其靈魂變鬼善死者、變鬼後亦安分和平。自殺、或冤死者其鬼即時作祟作厲非招到替身後不止。凡人對鬼無法可想只有神才有制鬼的力量。拿喜人非但相信人有靈魂、即牲畜亦有靈魂凡生前做了罪大惡極的事、來生即變為牛馬豬羊等牲畜、反之牲畜亦有轉世孝子頭帶麻製衣白帽外，當時不帶孝，入殮後招待親友酒飯一餐，即散。

第二節　開喪

普通用的靈台，為一小矮棹，置於棺前，棺抬出後，靈台亦折去，人死後亦做七事，頭七二七請多巴誦經，三七請二個多巴，四七請三四個多巴，多至五六位，末七不誦經，做七事時，近戚均得送菜席一棹。百日較為重要，又得多請四多巴誦經，近親送席外，須親来弔喪

另起一節

人死後的第三夜，由死者的男女子姪輩舉行「鷄鳴送粥」典禮，由一人代表祭獻死者的盥具及飲食，無論祭獻何物，均須哭唱品名哀求死者享用，祭獻既畢，該代表乃跪哭靈前，陳訴本人對於死

中央民族大学民族博物馆藏珍稀手稿丛刊 (1)

者懷眷之情，並哭述死者生前種種情況，凡自信善於表達情緒的，至親男女爭此夜機會，哭至天明乃止。

麗江拿喜人死後，門首帖一對聯，用寬約二寸長約一尺的白紙門兩側亦同樣貼二紙，孝服滿後，即可除去。七事中每每於飯時須祭祖點香，出殯後即止，如當日出殯可免。吊喪者第一次相見時，亦須帶哭。帶孝於開喪時開始，父母三年，另一百天，祖父母同，曾祖父母不帶孝，反穿紅布衣，並用紅布包首，岳父母三年，外祖母一年，姑夫姑母一年，舅父母一年，丈夫至少三年，普通直至頭布碎爛為止。兄一年，妻及晚輩死後均不帶孝，所穿孝衣百日後染成灰色或黑色。

金江鄉一帶，對父母祖父母舅父叔伯外祖父及夫均為三年，如妻的年齡較本人為大，亦為之帶孝三年，如妻年較小，則不帶孝，未結婚而死者，彼此概不帶孝。

開喪日期，都由多巴選定在頭七內，開喪者可以不必擇日，開喪後即可埋葬，如家境貧寒無錢開喪則死後即行埋葬，隔一二年後再来開喪，有時棺材可停家一二月，開喪後再入土，不開喪而葬者在陰間易受餓鬼欺侮，所以不論家道貧賤總得設法開喪。開喪時聘請能幹的一位多巴任「執法杖」，辦理一切喪事道場事宜，所請助理多巴人選由他決定，自三人至六七人不等，喪期用口信通知親友，總理提調等都得由孝子親往叩頭求他們襄助。

開喪時来弔者，往往全家同来，隨帶禮物飯一碗(或二碗)，菜四或

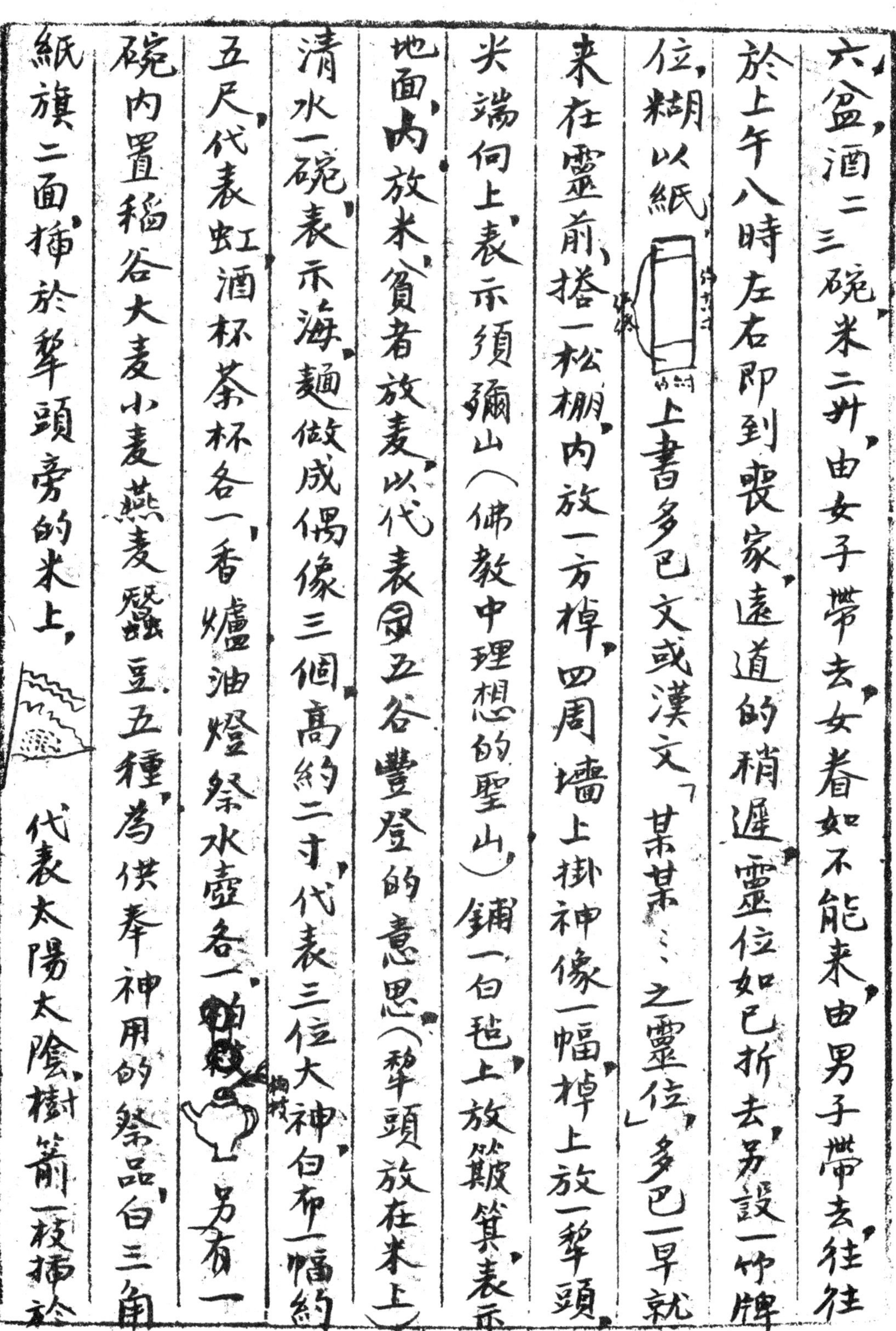

六盆，酒二三碗，米二升，由女子帶去，女眷如不能來，由男子帶去，往往於上午八時左右即到喪家，遠道的稍遲，靈位如已折去，另設一竹牌位，糊以紙，上書多巴文或漢文「某某之靈位」，多巴一早就來在靈前，搭一松棚，內放一方棹，四周牆上掛神像一幅，棹上放一犁頭，尖端向上，表示須彌山（佛教中理想的聖山）鋪一白毡，上放簸箕，表示地面，內放米，貧者放麥，以代表五谷豐登的意思（犁頭放在米上）清水一碗，表示海，麵做成偶像三個，高約二寸，代表三位大神，白布一幅約五尺，代表虹，酒杯茶杯各一，香爐油燈祭水壺各一，另有一碗，內置稻谷大麥小麥燕麥蠶豆五種，為供奉神用的祭品，白三角紙旗二面，插於犁頭旁的米上，代表太陽太陰，樹箭一枝插於

犂頭後，上綴銅錢，表示星宿，擺妥後「起鼓」，引孝子跪於経台前，點香三枝，多巴用酒一碗在衆神前潑撒少許，一面讀咒，表示請神衆，一面誦経，同時佈置経台，孝子以台上五谷碗中的食物灑於各神前，孝子叩首後，多巴又誦解穢氣経，燒杜鵑葉，表示趕走不祥之氣，又誦静水経，由一多巴用蒿枝將台上的法水杯隨意撒於経台四周，表示不吉不祥氣都被掃除，接着又誦退穢経，誦畢又至大門首祭二鎮石，以酒及茶少許傾於雙石前面，回到経堂前，多巴及孝子叩首後即休息。

上午誦経畢，大家用飯，每桌菜五碗，多巴之飯桌較普通為豐富，共八菜。飯後用「執法杖」開一「引路票」（白紙上用多巴文寫死者姓名，如死者之婦已死，囑其先至婦處，再去父母處及祖宗三代處。假如死者之夫（夫已死亦然）寫時孝子須跪於旁，並須敬酒一杯，多巴於靈位前洒酒少許，復至大門前為死者誦懺悔經十本，誦時殺一公鷄，煮熟後以鷄湯供於靈位前面，參加喪事的人，都得嘗湯少許。誦畢略事休息，又誦「獻冥馬」，由多巴唸誦「獻冥馬經」，將馬二匹，一為騎馬，上設有鞍，一為馱馬，上有馱架裝皮口袋二只，騎馬上插雉尾毛二根，引到靈前，多巴誦咒語，咒文後馬會發抖擦，說多巴能將馬咒死，再唸復活經使馬復活。再舉行「殺水怪」儀式，然後又唸招魂經，蓋恐靈魂於殺水怪時逃散，因此去東南西北四方中招之。

「釘壽釘」儀式，於「殺水怪」儀式後舉行，由多巴唸「釘壽釘經」

一本，以長鉄釘掛上各色布條五根，由孝子將釘釘於棺木，靠近屍體肩處的邊上，男左女右，頭後即舉行「獻飯儀式」及誦獻飯經，把一桌菜（五碗）飯一碗置於靈前，誦經完畢，家人將飯提起供奉孝子叩頭畢，大衆即可用夜飯。

夜飯以後繼唸「燃燈經」，以直徑一尺的銅盤裝油，中置燈心十三根孝子孝女等均跪於靈前，讀畢又唸「破仇人堡壘經」，使九個黑山的仇人無法阻其通過，唸經時須殺一鷄，燒其毛並以鷄血點於九塊木牌上，木板上繪有九架黑山的魔王，插於大門外，這只鷄多巴不喫，由其他的人分食，末了又誦經，把賢能二神將招魂，因為破仇人堡壘時，神將靈魂常被分散，因而須要將他們的靈魂招回，招回後又誦祭此種神將的經典，共五本，誦畢又誦祭長壽鬼經，共三本，又特別祭祀本家的長壽鬼經一本，讀時以酒一杯洒於孝眷頭上，表示先代祖澤遺及後代之意，最後唱輓詞（即孝詞），「執法杖」先唱一句，所有男人和之，經共一本，半夜後舉行「鷄鳴送粥禮」，家人均哭一次，據云死者聽後，靈魂回來，並以粥倒在靈前。

麼些人民孝歌很多，內容方面，從死者斷氣時情形說起，詠唱各種含殮器物的出產來歷，處處引大自然景物為例，証明「老與死」為萬物同然的道理，並歌頌死者有子孫送終，承嗣的福澤，使死者雖死無恨，一般歌詞紆迴繁複，動輒數千言，難於直譯，如「夢紫」「夢步」等類，多是多巴常唱的孝詞，至於親戚哭唱的調詞，常以關係不同而内容上亦互有出入。

至第二天「執法杖」卸去法衣法冠，持法杖，於日出時，孝子牽一羊於靈前，多巴誦「獻羊經」送羊給死者，孝子用斧擊羊首一下，誦經畢，牽羊到院中殺之，並於剝皮前以蒿枝及杜鵑枝各一放在羊身，又殺一鷄亦置於羊身上，多巴又誦「獻全牲」經，以清水一碗，放在羊身上，多巴以杖将魂水傾倒，水均流於羊身上，表示人死後不能復活，好像水流出後不能再收回一樣。羊削皮後以皮鋪在靈前，将羊肺割成九塊（女七塊）放在羊皮上，這時候多巴誦安慰死者靈魂經一本，告以人必有死，誦畢，将肺塊抛棄，又誦人類開天闢地經一本，再唸祖宗遷移路綫經七本，告靈魂以回歸祖宗原地的路綫，這時候将羊抬出煮熟後以全腿一隻甑子一個，刀一把，酒一罈，菜一棹（碗數不定）放在靈前，誦「獻經」一本。靈前置一竹籮，以飯九碗（女七碗），香九枝，擲入竹籮內，至此大家休息午飯。飯後，多巴誦「送冥馬」經，以前所用的二馬，牽至靈前，誦畢，使孝孫（如無孫以別人代）牽至坟上，將馬上所有物件放在坟上，空馬牽回，這時將一幅「天路圖」（上繪三十三層天堂，十八層地獄，九尊黑山）從靈前鋪至大門口，用櫈搭起，天路圖下鋪布，富有者布與天路圖鋪齊（四丈餘），貧者僅鋪一段，這條布以後就歸執法杖所有，前面所說的羊皮亦歸他所有。解釋天路經共六本，多巴誦時，一面指示圖中情節，誦過九尊黑山時，殺一鷄，以血濺於麵粉內，製成九尊小山，置於一銅盆中，放在天路圖的九山上，誦十八層地獄時，以鷄血濺於麵製成的牛頭羊頭蛇頭猪頭狗頭的小偶上。

天路圖上十八層地獄中共有六城，誦到一城時，即以一麵頭抛擲，十八層地獄之後為銅城，須以銅鎖一把，銅錢九枚，置於圖上，把銅鍋一具蓋之上，面放一個高約六寸的牛頭麵偶，多巴誦經到銅城時，即以麵偶抛棄，揭開銅鍋，取下銅鎖，銅錢則由多巴取去，然後將靈魂送至天國。

再誦「死者呼福澤遺留子孫經」一本，並以一杯酒潑於孝眷頭上，表示福澤遺留的意思，孝子身掛一皮口袋，内插一刀，請一至親牽孝子，再請一人手持柴刀背於肩上，走在孝子前面，孝媳帶一白布帽，由其兄揹一柴刀前引到門首，孝子即轉回，孝媳由其兄直引到坟前，舉行此種儀式時，多巴誦「孝媳送靈經」，孝子跪在靈前，多巴以酒洒其頭，表示福澤遺施其身，畢後誦離別飯經，以靈前的飯碗擲於前述的竹籮內，以一碗放於靈前，多巴以法杖打破此碗，就誦開路經，讀畢即起材，如早已出殯，則以靈位代表。

出殯時，棺材由四、六、或八人抬擡，抬者多半為親友，抬時家人齊哭多巴送行，惟不到墳上，僅到死者洗身水（放在土缸中）倒潑的地點為止，回去時不再到喪家，如路遠不能返本家，只能露天宿一夜。如坟地近者，全村人均送到坟上，遠的送者較少，送客行於棺前，並須有哭意，坟上空穴事先挖好，棺抬到就放進，一人以鋤頭將堆在四周的土挖放少許在孝子的衣襟中，孝子將衣的前端提起接受，每挖一鋤說一句吉利話，如一鋤金二鋤銀三鋤子孫興……至十鋤為止，其後孝子将衣襟中的土從棺首鋪至棺尾，他人亦就将旁堆的土堆在棺上，靈前竹籮内的飯放於坟後，坟前點香一枝或三枝，事畢，送喪者都回至喪家用飯，飯後大家即各自回家。

開喪是一件大事，需要許多人的通力合作，凡是親友中能力較強的人，個個都全來幫忙，在漢化較深的地方，所有主管及襄助的人物，都提名公佈，貼在牆上，下面就是南山多敍羅和娃開喪時的所貼佈的姑抄作為例。

賢家犢上所抄者可例

「不孝等罪孽深重，弗自殞滅，禍延

顯妣和母諱民蘭正寢於壹月吉時，不孝親視含殮，遵制成服

距生於吉年吉月吉日吉時享壽年七十四歲不孝謹測期於冬月初六七

日為先母展（發引）安葬於坤上之地勔勷指南伏維叨親鄰友

誼俯賜

一、總理　和三哥

一、管庫　和正五　和紹賢

一、茶房　和尊賢　和宗誥

一、捧盤　和濃　和贊賢　和兆一　和坤

一、司橱　和達賢　和作忠

一、碗盞　和冬日

一、靈前照管

一、司飯　和氏香

孤哀子和鴻鈞泣血稽顙叩

期服孫和曉南印賢泣血稽顙叩

家有喪事，親友照例都送禮物，近親送禮較豐，除送酒菜或菓碟致祭外，又須送禮及雜糧各一二籃，普通親友僅送酒一瓶或雜糧一升，在城區一帶則早已改送錢幣為奠儀了。

第三節　葬禮

麼些人在以前通行的是火葬，不論死者是男是女，或老或幼，一律用火焚其屍，所以今日的麗江城區及漢化較早的地帶，明代以前的墳墓遺跡已經很少，不過焚屍日期必經一度埋葬之後，付火的那一天多巴誦麼些文經典超度死者的靈魂，並唸化生金木水火土等咒語，並畫符拼合無形之體，使死者得以復具全形而投生。骸若干時日以後（至多不能超過三年）再超度一次，麼些人稱此次超度曰「興鬆」「興鬆」日期，一年僅有冬月初五初七兩天方可舉行。因為此種「興振」的法事太多，用費浩大，往往聯合數家共同舉行。

多巴開始唸經的前一日，各家都得請死者的舅父到場，舅父來時頭戴黑色羊毛氈帽，身披黑羊毛大氈子，絕對不可開口說話，先在床上默默打滾，坐起就搓草繩，搓時不用其他東西，僅以口水潤手。從此以後舅父不能再開口吐唾，所以放一瓶清水在旁以代口水。舅父搓繩完畢，以稻草編製草人，或用松枝代替死人形體，把牠供奉於僻靜的地方。此時舅父仍不能開口發言，等到多巴的法事告竣，舅父就跟多巴及死者的子女往送草人或松人直送至山間（僻靜的地方）或岩洞中，再回來。那一個洞為那族的置「耨」處，各族有各族的「耨」不可亂放。

送「耨」回來，多巴及家人親戚除了舅父外，都可一同回到死者的家裏，舅父則獨自回到自己家裏，在途上依然不能開口，亦不能回顧，一直要到家後，方能自由談笑。假如死人沒有舅父，必須請他人來代，在這儀式中，舅父是主要人物，所得報酬亦多，如毛毡、毡帽等物，再或新製衣一套，用後就算作是酬勞舅父的禮物了。

至於坟墓的形式，火葬時代間或有坟墓的形式，亦極小碑座高僅尺許，亦無圍壘的石頭。近来他們也都有碑銘，火葬的風俗革除後，建墓情形已與漢人無異。

近来麼些人與漢族的接觸日益密切，喪葬的情形亦大受影响，治喪亦有家祭展奠發引等禮節，「興耨」的儀式逐漸減少。清末民初，政府屢次下令禁止焚屍，故在麗江境內此風已不再存在。除屢育子女而屢死者，必將小孩屍體焚化，並請多巴或喇嘛超度外，其餘已很少舉行火葬的了。

舉行葬禮時，男女無大區别，不過老幼之間，則大有區别。未成年而死者多半旋死旋殯，旋葬，儀式非常簡單，至多請多巴唸一回經而已。

第四節　斷孝

南山一帶斷孝時的儀式最為隆重。黎明日出時，喪家即於大門前放置一棹，孝子點香携酒前往迎接多巴。到家時，多巴誦該家祖宗三代名字，以酒洒孝子及家人頭額，表示祖宗施福澤於後代的意思。家人以酒茶招待多巴。多巴即在門首早餐，並整理所用的法器、經堂佈置與開喪時相同。主人以一木盒內盛米及牛肋二條，錢數十元，送至三位多巴及孝子的舅父前。多巴穿戴衣帽，開始誦經，除服經及燒天香經。誦時焚松柏葉枝使它生烟。靈棹上置有茶杯酒杯各一，麵粉一棹碗，另有一盒盛炒熟的谷子蕎子各半，此外又有「杯交」(二小木盒，

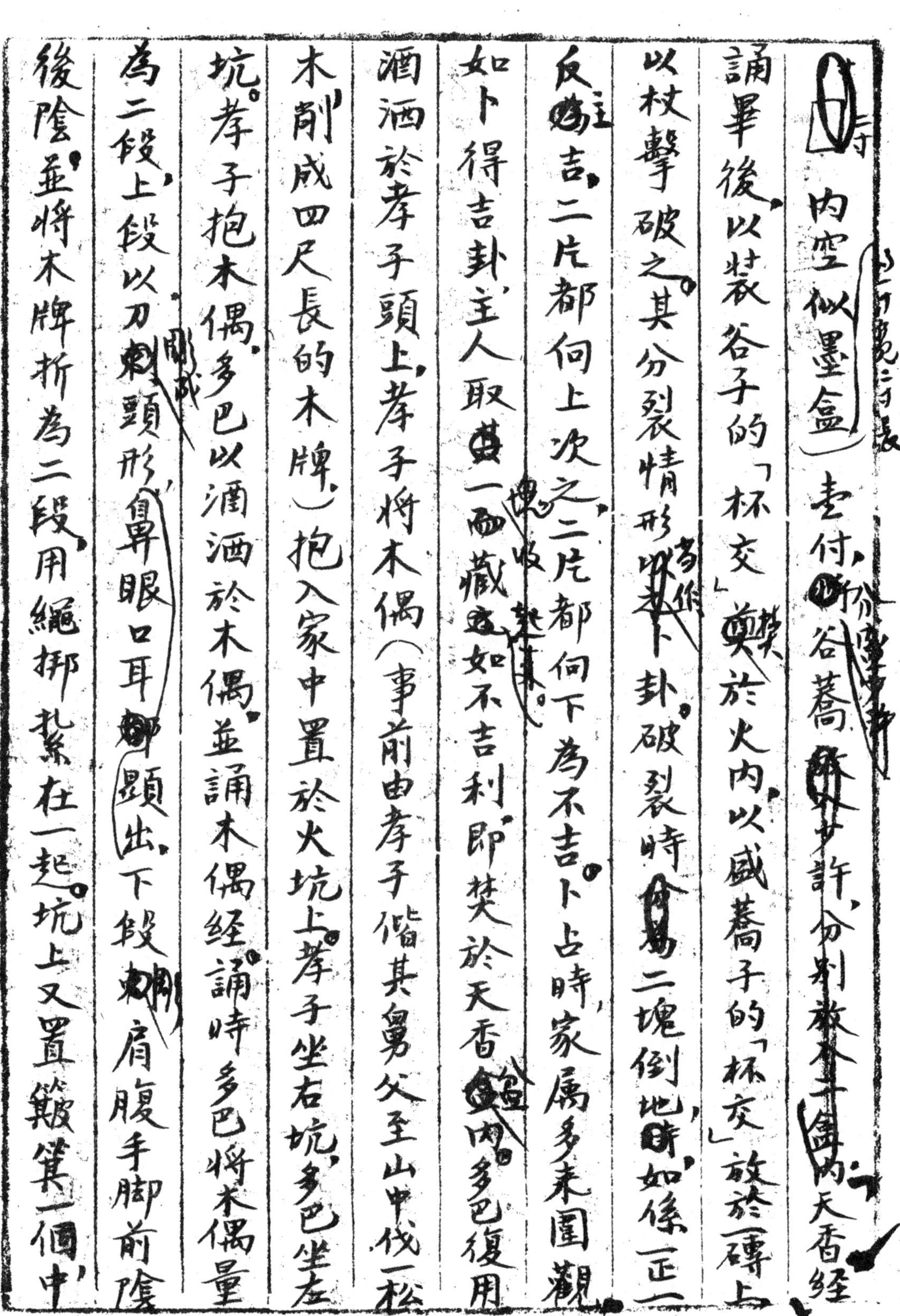

寺内空似墨盒）壹付，以谷蕎少許，分別放在一個盒內。天香經
誦畢後，以裝谷子的「杯交」焚於火內，以盛蕎子的「杯交」放於磚上，
以杖擊破之，其分裂情形以作卜卦。破裂時，分為二塊，倒地時如係「正一
反」為吉。二片都向上次之，二片都向下為不吉。卜占時，家屬多來圍觀。
如卜得吉卦，主人取出一個收藏；如不吉利，即焚於天香盒內。多巴復用
酒洒於孝子頭上，孝子將木偶（事前由孝子偕其舅父至山中伐一松
木削成四尺長的木牌）抱入家中，置於火坑上。孝子坐右坑，多巴坐左
坑。孝子抱木偶，多巴以酒洒於木偶，並誦木偶經。誦時，多巴將木偶量
為二段，上段以刀刻成頭形，鼻眼口耳顯出，下段刻肩腹手腳前陰
後陰，並將木牌折為二段，用繩捆紮在一起。坑上又置簸箕一個，中

放一鷄。多巴就把木偶放入簸箕內。孝子於此時抬入一席酒飯獻祭，多巴即誦「獻飯経」，孝子披白毡抱木偶門口，騎上預先備好的馬達往坟上，多巴等亦即隨往。

坟前道上先紥三道木門，每一道門用三根木紥成，名曰馬門。每一多巴把守一門，孝子到坟後脫下白毡，以木偶置其上，以毡轉四方，死者如係男性向左轉，如係女性則向右轉。親友騎馬隨往的亦很多，其中一人將木偶捲在白毡內交於孝子，孝子親接受後，夾於左腋（如母親夾於右腋）騎馬轉回，從坟前至第三道門沿途呼「父（母）親請回来」，到達第三道門，多巴誦経解除穢氣。到第二道門時，親戚在此祭木偶。第一道門為「執法杖」所守，孝子来時即出而擋路，媳婦從旁接木

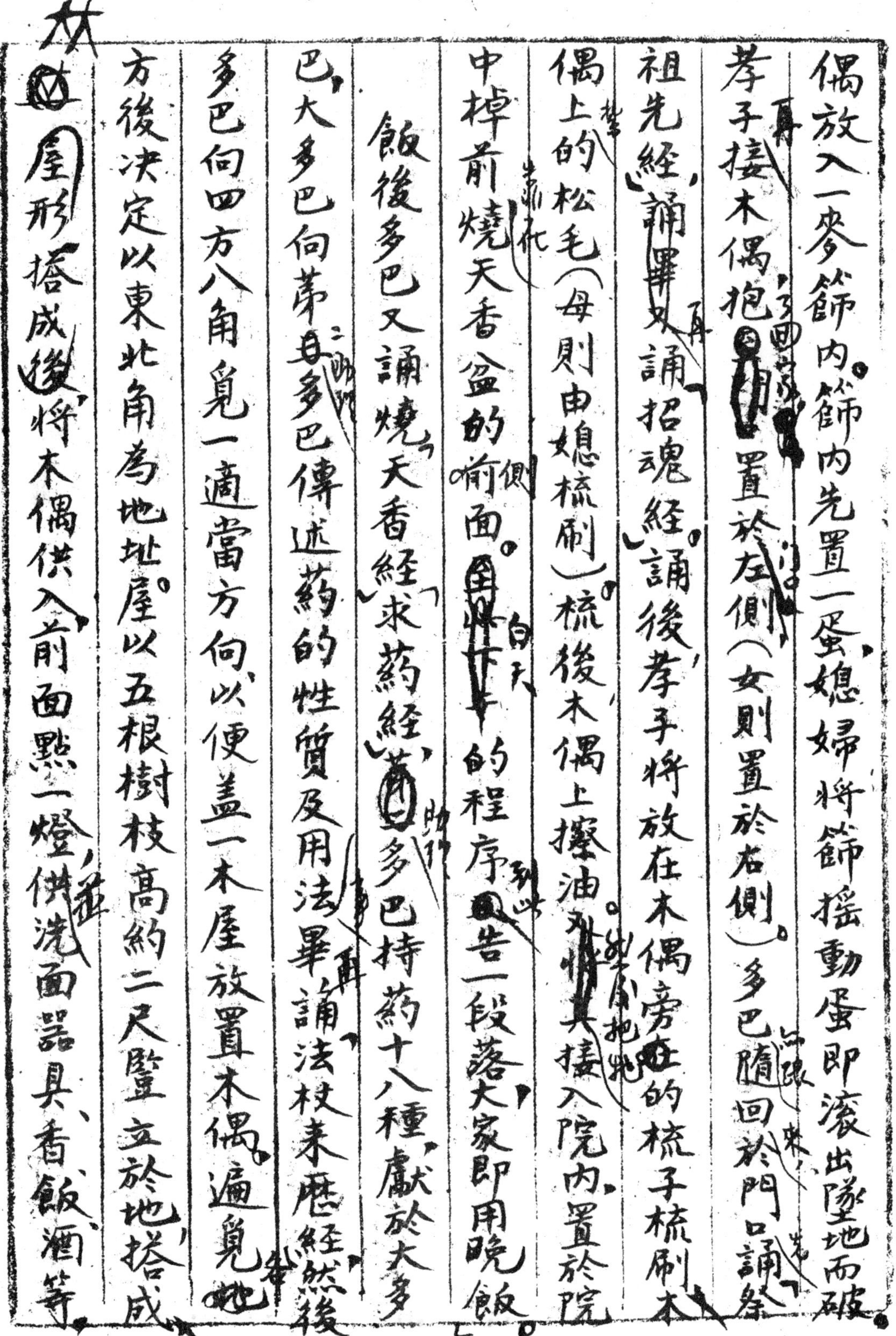

偶放入一麥篩內。篩內先置一蛋，媳婦將篩搖動，蛋即滾出墜地而破。孝子接木偶抱[illegible]置於左側（女則置於右側）。多巴隨回於門口誦祭祖先經，誦畢又誦招魂經，誦後孝子將放在木偶旁的梳子梳刷木偶上的松毛（母則由媳梳刷）。梳後木偶上擦油，[illegible]接入院內置於院中棹前，燒天香盆的前面。[illegible]的程序[illegible]告一段落，大家即用晚飯。飯後多巴又誦燒天香經、求藥經，[illegible]多巴持藥十八種，獻於大多巴。大多巴向弟子多巴傳述藥的性質及用法，畢，誦法杖來歷經，然後多巴向四方八角覓一適當方向，以便蓋一木屋放置木偶。遍覓[illegible]方後決定以東北角為地址。屋以五根樹枝高約二尺豎立於地搭成[illegible]屋形。搭成後，將木偶供入，前面點一燈，供洗面器具、香、飯、酒等。

供時多巴誦香飯經，又誦不死之樂經、木偶來歷經、燃燈經，誦時儀
式與開喪時同，孝眷跪於木偶屋前，點燈叩首。此時多巴即行跳舞
跳後殺羊，多巴誦獻牲經，儀式與開喪時同，孝子抱一鷄跪於木偶前。
誦畢時，孝子將鷄猛擊（羊）致死，不能用刀殺死。後放鷄於羊身
上，又誦安慰死人經、製衣法杖經、木偶來歷經、指示死人行路經、除（破）九尊
黑山經，唸經時又殺一鷄，以鷄血洒於豎在門首前的九塊木牌（片）。
回入門内後又誦找長壽鬼經、賢能神仙經、祭神仙經，誦畢，又以酒
洒孝眷頭上，再誦求福澤經。多巴以五色細布條紮成小帚，
幾十根分給與帶孝者，掛在身上，表示除福（服）的意思。
此後又以一銅罐内盛蛋湯加糖，每人輪喝一口，意思為長壽的福

中央民族大学民族博物馆藏珍稀手稿丛刊（1）

澤託寄於蛋上，唱後可得長壽。唱畢誦送長壽鬼經，又誦經以敬隨祖先同來的諸鬼。誦畢，唱輓歌，多巴唱一句，衆人和之。唱畢，就在靈棹邊七星旗桿（高約三四丈）的旁邊誦祭旗經，並舉行鋪天路圖儀式，情形與開喪時同。又誦送天路神經，畢，又誦求福澤經，並以酒灑孝子頭上，又將木偶抬到門前棹上，多巴三人與舅父隨往門口。孝子以酒一罈送多巴，一罈送舅父，此時七星旗亦被取下放在門口，以三大塊草皮搭成一城壘形，如內生火，舅父取旗向火城衝撞，先後共三次，每次冲倒一面，每次誦破敵營經，衝畢後舅父又將木偶抬至院內。孝子身掛一羊毛口袋，內放刀一把，又有一人肩負柴刀領孝子至木偶前，多巴誦掛口袋經，院中以粗繩索鋪成一羊形，頭向東北，尾上繫木圈，孝子立於南，媳立於北，多巴立於西，多巴持三節羊腿（一腿折成三節）俟孝子向右繞羊繩一轉後，給與羊腿一節，媳婦向右走一轉後，站於羊頭處，多巴亦給與一節，（孝子媳以三人為限）多巴以酒洒媳身，媳跪下，多巴移步至羊頭前，媳叩謝後，即回房以羊腿交家人。

這幕儀式完畢後，舅父又以木偶移至旗桿處，多巴誦死者懺悔經，誦畢，舅父又將木偶移入廚房，事先殺一豬，以頭蓋骨破成二片，這時候携入卧卜，多巴將其放入大簸箕內，擲落下時如成正反形為吉，如係正正則死者吉，生者不吉，如反反為不吉。卜卦後猪蓋骨放入另一家人所背負的皮口袋內。

上面所講的「杯交」，此刻拿出一片竪起，由多巴以柴刀劈成二片，再行卜卦。卜法與前面所講的相同。卜後，此片亦納入皮口袋中。這時木偶面前又須獻飯以示餞別（離行的意思）。獻祭畢，舅父又移木偶至院中板凳上，先放木板，再把木偶放在木板上，偶旁板上置酒三杯，將鷄蛋一枚敲破後分盛於三杯中。以蒸飯的竹圈竪立於板上，舅父將木偶從圈中穿過三次，每次敬酒一杯，以示家中已食空，死魂可以回去的意思。敬酒畢，舅父即將木偶納入放豬骨及「杯交」木的口袋內，由另一人持七星旗領導送至每一族所規定的藏木偶洞口，然後將木偶置於洞內，放入時以木偶解開，以茶酒飯菜再祭一次，該二人在洞口用飯後即返家。

舅父回來後，即將木偶房拆去，多巴即誦「拆木偶房經」，多巴與舅父又出大門站立門首，孝子戴雨帽，穿破衣，行至多巴旁，多巴問其做什麼，他就回答：「父（母）親不在，去找父（母）親」。多巴又說：「我們三人已送他至天上三十三層去，你不會看見他，不必再找了，你餓麼，可以給你飯吃，想喝酒嗎，我們可以給你酒嗎喝」。說時以飯酒少許給與孝子。孝子又說：「我父（母）親死了，我再不能得到飲食了」。多巴說「不怕孤兒是容易長的，你回去好好照顧家裏罷！」多巴給以餅塊二塊及飯少許。孝子突然從多巴處將包木偶的白氈搶去（奪）逃入門內。多巴開口詈罵：「我當你是好孩子，你竟把氈子搶回去！」並作追逐狀。說畢，又送（誦）祖先經，誦完，走前幾步，伏在草蓆上，換去衣服，又誦圓滿經，執法杖就逐自回去，其他二位多巴又進去誦安家神經，唸完，儀式始告終止。

本節中所述的木偶於舉行斷孝儀式前，由孝子的舅父入山砍松木削製而成，它的來源，據傳有木土司的祖先，曾入山行獵被野獸吃了，後來他長大了，就問母親為什麼別的兒女都有父親，獨有他沒有，母親就把詳細情形告訴了他，因此他就請了他的舅父入山遍覓父親的屍體，偶然看見有些衣履掛在一枝松木上，舅父認識這就是他父親的東西，就將那根木頭砍了下來，做成木牌，放在家裡供祭，並留以紀念，後代即從此演成斷孝禮節中的一部。

第七章 節令及娛樂

第一節 節令

在一個生活比較單調的農業社會裏，日常的活動無非是耕地刈草砍柴放牛燒飯……今天如此，明天也如此，後天仍是如此，日復一日，年復一年，沒有多大的變化，至於人與人間的相互接觸，也大都限於一個小小的圈子内，甲的智識不一定比乙的高，丙的經驗比了丁多得很有限。這種呆板的生活，趕着人們在時代的巨輪上轉着，磨着，不管怎樣愚蠢的人，在這種沉寂空氣的籠罩裏，總得想找點機會把鬱積的怨憤，至少暫時予以解放，這種人些一心的慾願，在每個民族中，都靠着節令的機會來調劑一下，紓展一下，所以在各民族中每年總有幾個重要的節令，每個節令距離的時間往往相當的勻稱在這種時機，日常機械的生活往往可以放棄一部份，難得享受到的飲食也可以嘗到，一些久離分散的親友有時也可乘此而團聚團聚，節令在他們裏面是多麼的重要，摩些人中自不能例外，茲將一年內大小節令依日期的次序分述如左

正月初一，麗江壩子風俗天未明男人點天香（天香的製法以厚紙糊在竹竿上為旗，內實柏葉末裹之成香條，其大小高五尺粗如椽）拜天地，獻米花糖茶，行開門禮，放開門炮，燒金銀錠紙，歡呼大吉大利，到河邊汲新水，逢人必作揖，口呼大吉大利，汲水回家供天水，供天齋油煎彩色粉皮及糯米糰以為食，整日忌葷食素，女人忌出門見客（僅

限於麗江大研里）

中甸北地麼些風俗，以「年初一」為洗穢節，所有男女老幼都到白水河邊洗穢，男在河之左岸，女在右岸，燃火熱水洗其全身，意與印度洗罪同，土人認為身上之穢是等於心上之罪，白水為麼些族之聖地，洗其穢而潔其身，猶懺其罪而清其心。是日白水河畔此地的六村男女都裸露全無羞恥觀念，雖然男女分往河的左右兩岸，而男者可以到右岸來求大女亦可以到左岸來觀看，但秩序井然，各洗其穢，洗訖，各換新服，作炊飲酥油茶，煮鷄蛋食後相率回家。

正月初二，壓祭以三牲（猪頭、鷄、魚）供財神，放火炮，闔家虔誠祭之

（僅限於麗江大研里）

正月初三日所有婦女備「年禮」，往母家拜年，其子女亦隨其母至外祖母家拜年，所有小孩都賜以壓歲錢，闔家歡宴，回家時母家賜以回禮（以彩色粉皮十二張，糍糰十二個，米花糖二斤，猪頭肉三塊，香腸三托）（僅限於麗江大研里）

正月初四日為祭天開始，燃天香，掃除祭天場所（每村有一祭天場所，場之周圍植以樹木，坐北向南，以石塊為神，以松枝、柏枝、栗枝為三才之神，上為天神，下為地祇，中為人皇，神壇列石塊，石後插松柏栗，都列在此面，壇之左是陳天酒處，壇前供天米，每家一筐，盛米供於神前，村有五十家者所供之天米筐亦列有五十，米筐前面插天香，亦如筐數，其前為獻牲壇，以村中當值的人家獻猪一支以為牲，於是日宰訖，供於壇上以備明天祭時之用。獻牲壇南面為天竈，每一村中如人數繁重（眾），則天竈分為三四座（灶以三石為架，置鍋其上，鍋大可容三十咖喻）。壇的西面為守場所，壯丁的住臥處，村內壯丁應有看守場所的義務，搭松棚位其下。於是日所應具備的祭物用具等，都設備停當。該夜村內壯丁就宿在場內。

正月初五日為「普都」正祭。是日黎明，村內的一切男人手持一柱香及米筐，口呼：「歐……嘩，大吉大利，嘩！」一邊呼，一邊走，並用手撒筐內之米，魚貫而行，直趨場內（路上忌見犬，忌見女人），到場內各跪壇前，延多巴誦「兆盤沙經」（經中敘述人類之由來以麼些民家古宗為一母所生，都不能言語，後舉行祭天，三子始能發言的故事）。誦訖，獻天酒多巴先飲遞與族長跪而飲循長幼的次序輪遞而飲飲訖，獻牲分肉計其人數每家分一條約一二斤重豬頭分為兩半一半為當值的人家所有另一半送於下次當值的人家其臟腑等洗淨後切碎煮為湯每人一碗並備有其他食物歡聚而食喜請客參加但所用的牲諺為天肉不與外客食如係麼些人則歡迎令食所會食。

正月初六日「普都」祭天者折鍋灶村内婦女及一切男人都到祭天場

正月初九日及初十日祭者謂之為「古盞」其儀式與「普都」同

正月十一日及十六日祭者謂之為「古旭」其儀式亦與上同木土司家即舉行「古旭」祭。

正月二十日護法壇會（壇在白沙街的東北，為喇嘛的護法壇）內供大黑天神，木土司於是日鷄初鳴開護法壇佛龕，以雄鷄一支拴長竿上擲於龕內，鷄不殺而斃，土司在殿前的華表石柱上射箭，相傳在木土司盛時，所射的箭簇鏃沒入華表柱上，今還垂留沒入石中的神迹）。垻子內的青年男女各備香燭往白沙護法台拈香，極其鬧熱。農村婦女備蠶豆一籃，飼殿前的石獅，佯呼餵畜之聲，以豆撒石獅上，復拾其豆收於籃內，為飼畜之用。農婦認為神賜的飼料餵豬羊後易於繁殖。

二月初一日或二月十六日，麽些村民家家舉行「魯如必」祭，延多巴誦經

二月中的末日（屬羊的日子），為北岳土主會，全縣人士都備三牲香燭

到白沙玉龍祠祭祀神為元世宗勅封雪石北岳安邦景帝（相傳土司麥宗獵於雪山偶見一白獐令部衆圍之獐無法逃逸遁入土中土司令其將刺巴拿攤掘土捉獐掘土深丈餘獐化為一方形雪石重不能舁追後土司麥宗用術咒之輕如紙張舁之歸越走越重竟落地没入土中如法咒之又輕如前負至玉龍祠的石堆上憩息片刻雪石即没入石堆內無法取出土司歸極為詫異夜間夢見一神謂土司云日間的白獐雪石係神的化形他驚醒後把夢中的神為之繪圖立廟祀之轍靈後來世宗革囊渡江時神麥宗具狀其神異請封順勅為雪石北岳安邦景帝）摩些人信之最篤有勝於基督教的耶穌佛教之釋迦摩些人中男女老幼於二月末到玉龍祠求佑者認為缺憾

二月初九日，東山廟祭神猪，農家婦女多備香燭往祭之（廟在震青山下，離城東十里內有木雕之猪，供於龕內，祭時以油抹其頭，復用蠶豆飼神猪，食後取回其豆為餵猪之用）。

二月初八日，婦女歡樂節，是日所有婦女約其東鄰西舍，盛裝結隊歡宴於林泉勝地，以十人為一會，名曰十姊妹團，高歌漫游，野餐狂飲，而家長莫之禁，男人殆不能參加聚餐，時大家歡呼摩些曲調，大意謂親愛的姊妹們，大家快樂的請吃有味的菜肴吧。

三月三日—十六日，祭「告咨」，約閤村人士齊備香資，請多巴誦經，

三月內逢辰日（屬龍的日子）祭龍，亦齊集閤村的人士，延多巴誦經

三月三日插「麥藍穗」於門首，家家食茴香糍巴（僅限於城內）

四月立夏節，摩些家家作饅頭，門前插皂角枝，並用竈灰撒其宅之牆根（李蘊川先生竹枝詞云：「灰布圍牆四面樓，一枝皂角插門稠，山人不知因何事，只見家家吃饅頭。」）

四月八日為麥子生日，土人作麥飯祀穀神，認為是日晴則麥豐收，雨則反是云。

五月端陽節，家家喝雄黃酒，門前插蒲葉、蒿枝、麥穗，食糯米飯。

六月初一——十六祭祖先，以黃瓜紫茄等菜蔬及猪羊肉為饌，延多巴誦經，中甸此地六村的摩些人於祭祖先日以黃栗枝插門首，並所有男婦老幼每人頭上戴三張黃栗葉。

六月大把節，於六月廿五、廿六、廿七三日舉行之，摩些謂之為（Se-tuu-1），所有青年男女向父母乞來錢鈔，製備禮物，以贈其所愛者，於此三日中，父兄不禁其子弟游蕩，母亦不禁其女兒出行，夜間兒童各執火炬游行，農村青年或牽其耕牛作鬥以醵酒。

六月底洗牛腳會，農村各備米肉相約鄰家以歡宴，於農事畢時舉行之。

七月初一——至十五行祭天禮，摩些人謂之為小祭天，其儀式於正月祭天同而略簡，亦請多巴到場誦經（但城中無此俗）城中摩些人拜中元會。

七月十日接祖先，十四日送祖先。

七月廿八日文峯寺舉行「加之多」會，喇嘛禳女魔王，誦經，縣內青年男女備香燭參加，極熱鬧，有數千人之多。

八月十五日拜月，每家作糖餅菓品供月，（僅限於大研里）或備新米飯祭竈神。

八月十六—卅日嘗新會，約其村鄰，備新米飯在龍王廟會食（僅限城區）

九月重陽備酒登高（僅限城區）

九月底洗牛脚會，所有農村舉行之，其儀式與六月底的洗牛脚會全（城中無此俗）

十月送寒衣掃墓（城中舉行）

冬月初一—十六祭亡會，凡新喪者於冬月必舉行祭亡，其儀式最爲複襍，相傳唐初有高楞趣者，幼而喪父及長不識其父，有一次他問他的母親說：「人皆有父，我却沒有，究竟我的父親是那樣人呢？」他的母親垂泣而告曰：「你的父親是吾嚮的三甸總管，性喜獵，在十數年前往前面的山中打獵，竟一去而不返，生死不明。」高楞趣聞母言大哀，又追詢其父親所着的服飾及所御的刀具，並詢問他父親在時與兩個人最熟，他的母親就告以舅父時常侍從左右。高楞趣請偕舅尋入山遍尋，竟無蹤影，忽於蒼松樹下見有衣物，樹枝上掛有刀一把，舅父認定這是他父親的衣服物，高楞趣聽了大慟，伏哭於樹下，對他的舅父說：「我父死在此地，吾父的英靈亦必憑依在這棵樹上，請吾舅把牠砍伐回家，吾把他作為木主來祭他。」舅父聽了他的話，把松樹砍了下來，抱回家去。高楞趣沿途招魂呼叫回家，時他的母親也認為所遺衣物確是他父親的遺物，於是就削木為偶，着其遺服而祭之，從此就有了祭亡的風俗。

腊月初四日掃祖墓備菜六碗祭供祖先。

腊月十四日購買天香的竹竿把竹皮削去放在屋上晒乾。

腊月二十四日送竈君用大豆稲草及青松糍包糖丸等祭供揭灶君像燒之謂為「上天往奏」。（限城區内）

腊月三十日歲除用三牲香燭祭天地神祇所爇香條以紅紙包裹應點十二炷閏年點十三炷先祭天地繼祭土主龍王灶君門神及祖先祭訖食年飯行辭年禮每人必洗足洗時說着：「三十晚些洗過脚到處那裏趕得着」預備好一口燒盤專為送口舌是非之用燒盤内裝放錢紙十二張金銀錠十二個銅錢十二文再加上鷄血鷄翼鷄嘴鷄爪魚頭猪嘴等物送至坡頭或河畔凡遇人不交談否則會失去

靈效回至家封門放封門炮(僅限於城區)年底討賬者甚緊迫但放炮後不得再討賬封門後一家人就在家圍爐守歲。

第二節 娛樂

娛樂方面，麼些人雖無正式之公共娛樂場所，但亦常利用各種廣場高歌狂舞，雖老年人亦有參加者，每當月夜良宵，尤為青年男女娛樂之好時光，茲將其娛樂種類大別於後：

一、唱曲子或情調

分集體的歌唱與單獨的對唱二種，集體歌唱多舉行於陰曆二月至四月，因此時較為空閒，每於節日或月夜，村中青年男女互相邀約聚集於廣場中，並於場中央臨時營一熾火，全體繞火徐行而歌，歌詞大抵為哀情或情人故事，男女相互訴苦之成份較多歌譜亦有數十種意義深長音節淒婉常易使聽者因感動而下淚其歌唱方式乃由男女雙方各推一善歌而又諳譜者為領導男方領唱者先唱一句其餘男子隨聲附唱至一小段落中止後再由女方領唱者開始答唱眾女亦如例附和如此一唱一答週而復始及至唱完一種大譜與方告停止有時興之所至有連唱達二三夜者

單獨歌唱乃青年男女於某種特殊節日各村男女咸至同一地點歌唱，如陰曆二月初八、二月十五、於金山寺三月十三於東山寺四月立夏節於南口新村、等皆是此種聚集大抵為未婚青年男女藉燒香為名於規定之日，赴某一寺中相互信口而歌男女事前均不相識及歌

至同一譜調時，於是先由男方唱一撩情小曲誘之，女方如認為滿意，可接該調而歌其己意，此種歌詞全屬求情及示愛之意，若干少年男女因此而百年偕老，但亦有若干因環境所限，不能如願而同至雪山情死者，此種歌唱雖為青年男女最樂之事，但亦有因同村中之男子不願該女子與另一村之男相戀，因而率眾往毆，結果釀成流血悲劇者。

六、舞蹈

麼些人亦愛好跳舞，其方式與原始步法相同，即按節拍徐步起舞，步法簡單，普通為左右擺動式，其舞蹈時間以陰曆冬月臘月及春間較多，因此時農家較閒，而婚喪之事較多，舞蹈大抵

於婚喪事時舉行之

舞蹈種類隨音樂節拍而異，最普通者稱爲木溫達，乃男女手牽手而舞，舞蹈大多於傍晚飯後開始，狂歡時可徹夜不睡，即於喪事中之舞蹈，亦皆興高彩烈，並無對死者表示哀悼之意，據謂因恐死者孤寂，故意歌舞而伴之者。

舞蹈時之裝束須視其參加之種類而定，如係喜慶大事，必麗裝而往，故舞伴大多麗裝，若平日鄰居共舞或喪事之日，則大都仍爲平常服飾，惟亦有少數例外者，蓋藉以誇耀其富有也。

三、樂器

樂器大都爲舞蹈時伴舞之用，但平日亦有喜弄者，其所用之葫芦笙、乃以葫芦鑿孔插管，加簧製成，其聲悠悠頗有淒凉之感。亦常有用竹製口琴者，其法乃以左手排執三片口琴，接近唇邊，置於口中，復用右手中食二指彈動琴簧，口中吹氣即可發美妙之音。另有拉口琴一種，亦用竹製成，於竹管末端繫一小竹片，其線之另一端縛於簧之根部，吹氣時再拉動麻線，即可發同上之音，惟音節高低較難分辨。其他之樂器如二胡、胡琴、三弦琵琶、小鼓、簫、簧鼓等，與漢人同，暇時亦有用以消遣者。

四、賭具

聚賭亦為娛樂之一種，城內人甚至有合打麻將牌者，普通之賭具大抵為雞牌、葉子牌、擲骰子、押寶等，惟女子除葉子牌外

不玩其他牌類

五、兒童娛樂

麼些人的兒童娛樂玩具極少、多半是以成群相互嬉戲為樂惟居於遠村及山間之兒童因村户稀少不易往還共同娛樂之機會更少故常有天資聰穎之兒童毫無活潑伶俐之姿態者普通女孩愛玩拋石子、以瓦片為炊具、以花草為假殽食、男孩則喜拉弓射箭打水鏢溜石子賭擲胡挑及各種果核等、其他並無為男女幼孩特製之玩具。

第八章 結論

第一節 我人對麼些族的基本看法

在体質上麼些族與漢族沒有多大顯著的區別，至少到目前為止，体質人類学家所供給我們的材料以及我們普通觀察的結果，不能使我們把麼些人與漢人列為二種不相同的種族。麼些人一穿上漢人的服裝，口說着漢話，誰也不能把他們指出為非漢人。反過来說，有些從外縣甚而外省到[illegible]一帶去居住的人，在那邊生育的子女與本地人一起生長起来，換上他們的衣服，說着純粹的本地話，也沒有一个人能夠看出他是一个漢人。所以我們可以很肯定的說，在麗江一帶的麼些族與漢族在体質上已經混合到分不開的程度。倘若硬要把他們看作兩種人種，那衹能說是成見，而不是科学上的事在語言上，他們說的話與漢族的話確乎不同，雖然他們同樣於漢藏語，不但不同無別，麼些語屬於藏緬語組，在文法上發音上均與漢語有極大的出入，所以不能互懂，沒有翻譯也無法可以通話。我們知道語言與種族有時是符合的，聽了他的言語就知道他的種別，但是在許多情形之下，語言與種族不一定是一致的，同種的人可以說不相同的語說，同樣語言的人可能是絕不相同的種族。換句話說，語言並不是種族的標記，麼些人就是一个例子。

在文化上看，漢族與麼些型顯然有若干區別。漢文化是平原型，麼些文化是山區型，各受地理環境的影響，各有獨自發展的歷史。麼些人居住的地方大都為山谷地帶，因而影响他們的衣食住行及其他一切生活方式。山谷地帶不宜種稻，他們的主食就變成麥麪及雜糧。山麓上的森林供給他們房屋的材料，幾乎所有的房屋都是由樹身砌疊起來的。草坡上可以大量畜牧副產品，解決了他們的衣服的問題，羊毛織成的布既可耐用又極溫暖，羊毛製成的氈氈子作被褥披風冠帽，都有實際的功用。

麼些人在歷史上是相當的流動的，流動的結果自然免不了與他族接觸，二種文化一有接觸，結果總會發生若干變化，原有文化經過模仿吸收的過程，逐漸會改變原來面目，所傳入的文化特質，滲漫到舊有的文化叢中，當然也會變質。麼些人文化中的一部份也正在這種演變的過程中，他們以前比較自由的婚姻制度，母系中心的家庭組織，崇拜自然的宗教，信仰大神的風俗等等，都因外界接觸的關係，或已完全改變，或已局部變形，或則正在動搖。愈到文化的先鋒地帶，愈可看出這種演變的過程。在麗江城郊地帶，一切的一切已與漢族無甚差異，越到偏僻的山區中則大部份的古老習俗尚迷頑固的逗留着，所以麼些的文化區並不是一片水準劃一的平面，乃是一幅崎嶇不平的地形圖，各區間文化程度的差異，[illegible]至為顯著。

在生活上一般的麼些人都十分貧苦，但是他們體格大都強健，智慧也很高，適應力又相當的強，所以居住在麗江城郊一帶的麼些人經商致富者當然不可勝計，就是從事學業或參加軍政工作者亦頗具成績，在我國各種邊民中無論在集體成就或個人造就上麼些族實在要首屈一指的。

社會進步的因素很多，民族適應的能力為決定因素之一，麼些人在各方面都表現了適應的能力，他們的前途是很有希望的，在目前我們踏進他們的偏遠地帶中，我們雖然一樣覺他們的生活十分陋寒，他們的智識也極低淺，牢不可破的迷信籠罩着他們的一切行動。止不過凡此種種，都不足反映他們的品質的低劣，他們所處物質環境的惡劣，終年胼手胝足，猶不得一飽，試問尚有何餘力來追求精神上的成就。他們所處區域的偏僻，交通又極度的不方便，與外界大量的接觸，等於不可能。這種互相關聯的區域上的隔離與文化上的隔離，使麼些人的守舊，迷信陋習不易改變。但是我們深信這些缺陷，都是所有偏僻區域的通病，並不是麼些人的特點。我們更深信麼些人祇要有了文化的接觸，生活條件有了相當的改進，他們的文化程度一定可以突飛猛進的。倘若我們拿了目前他們中的局部情形來衡量他們的品質，來估計他們的秉賦，那是一種錯誤的態度，我們必須加以更正的。

第二節 政府對麼些人應有的協助

一般邊民及一般處於地境偏遠物產缺乏區域內的人民生活都在生存線上下挣扎，離開我們想像中合理的政治標準相差太遠，政府的職責既在維護民生，對於這些窮苦無告食不飽衣不暖居無安所的民眾自有一種通盤的救濟的計劃，決不可藉口地區遼遠，鞭長莫及而漠不關心，惟這些計劃應當是一般的普遍的，邊民與內地政府對民眾不應有所軒輊，為一視同仁起見政府固不應有厚彼薄此的態度，在邊民方面似乎也沒有理由要求特殊的待遇，硬要把邊民別成一類，另眼看待。我們主張凡是民眾應享的權利，不分內地或邊疆，都應使之實現，不過設教施政自當適應地境及民性，權其輕重，定其先後步驟，決不應處全部劃一。祇求其最後得到公正平允的待遇，並使權利義務的授受一般化普遍化。對於處此地帶的措置，自應本此原則逐步實現。

我們在上面已說過麽些人與漢人在体質上同隸一種，但他們所說的語言却根本不同，因而彼此不能溝通意。我們知道語言是溝通意識的媒介，語言不通，政令難於暢行，教育無從推進，故從事边政者，平时使边民學習漢文漢語，為漢化的第一步。關於這一點，我們不敢全部贊同，边民是否必須全部漢化，加速度的漢化在理論上尚有討論的餘地，即使漢化是必要的，是否必須使边民人人說漢話讀漢文，並且还要在短期内做到，這又可成為理論上的問題。按我們的看法，一切的政治設施，社會救濟，教育宣傳，最低限度在初期的时候，要使用边民的語言來做媒介，一則可以深入，二則可以獲得信任而不致引起猜疑，有了相當互信的基礎，再來廣播漢文漢語，功效當易收獲，這是一个原則。

麽些地區内的最大市集當推麗江城，在麗江城郭几乎所有男子及大部份女子都能暢通漢語，一部份的男女在草地或在外縣，進過学校或讀過私塾，在國内外大学畢業的也有好幾位，中学畢業者很多，備具小学程度的更不少。所以在城郊各級学校中，採用国語課本施行国語教授，可說毫無问題。但是到了各鄉區，情形就大不相同，師資固常缺乏，他们自己國語的純熟程度，原已成问題，在一群不懂漢語的兒童中，去用國語講漢字課本，實在是做不通的。編者曾到過好幾處学校，細聽学子们背誦課本，声調发音的错误，幾使我不相信他们在讀漢文課本。試问這樣鸚鵡的教育有何用处。我们主張在他们裡面不必斤斤的遍使他们学習漢文漢語，我们僅可利用他们原有的言語，来推行各種社会教育，宣揚主義也罷，提倡民族团结也罷，改良他们日常生活也罷，那一種語言可以達意，即使用那一種語言，我们需要的是民族間意識上的團结，而不是形式上劃一的漢化，這是主持建政者应有的一種認識。

要推行吏民的福利，首先要改進他們生活的條件，在麼些區內绝大多數的人民其經濟生活不能達到最低的合理標準，造成這種貧窮的主要因素不外耕田面積的過小，土壤的貧瘠，水利的不佳，資本的缺乏等。這些因素，大部非個人能力所能補救改進的，非得靠政府的力量來通盤籌劃不為功，假使這些基本問题不能求得改良的解决，那些枝枝節節的救濟輔導工作，未必能獲得有補事實的效力。

從一方面看，麼些區內可說是人口過剩，因為每人所得的平均耕地面積，似已過小，但反過来也可說分筭未尽量利用，多數成年雖体格都相當魁播，但染病率仍相當的高，流行病時有傳播，死亡率更見過高，因而影響生產的勞力，有許多區域的確為了勞力的缺乏而荒蕪田地，更為了勞力的不足而未克充分利用，所以為使減少人力的消耗，醫藥衛生的積極推行，較諸內地尤為急迫，蓋血他們的環境衛生更為落後，醫藥設備的基礎更較脆弱，非有特殊的努力，不易見效。

每一民族的風俗習慣，都有他們歷史的背景，因為經過選擇的作用，所以他們的特殊性往往不易變易，主張同化政策的人們往往力求文化的劃一，可以移風易俗為急務，殊不知風俗習慣的迅速破壞，可使人民頓失行為準則的憑藉，在重行適應的過程中，心理上會感到彷徨無依，表現於社會行為時就會產生種種失調現象，所以從事於邊民福利事業者，必須備具相当耐心，使边民有比较选择欣赏的机会，逐步改变，于无意识中潜移默化，不可操之过急。动辄以强迫手段，使其改弦更张。因为这种带有威胁的政策，始终是不彻底的，容易演变到阳奉阴违，就形成虚应的现象。

当然在无论那一民族中，总有许多风俗习惯，早已失掉效用。依据当前标准，早已变成不合理，甚而对于本民族繁荣发展有妨碍，但是文化的惰性常常使这些习俗顽固的遗留下来。这些我们当然要尽我们的精力去劝导他们，使他们知道其所以然，自动的加以改良。这样的革新，才能生根见效，不致演到人亡政废的遗憾。例如在麽些区域中，一人死后的丧葬，尤其家主丧葬的铺费，常至倾家荡产，子孙三代还在替他还这笔丧事的债，有很多人家在经济上总翻不转身来，实在是受着这类债务的累，又如產婦臨盆的習俗，即無宽必須生在土上，夫婦不能公開同房，產病請多巴等風俗，似乎都有改進的必要，但步驟仍應依據自覺自動逐步實現的原則，免得欲速反不達。

推行边疆福利事業的成功或失敗因素甚多，繫于彼個人事的得宜與否實為主要因素之一。在原則上各種事業的推行應由边民自己来担任，自己知道了自己的毛病，改進的時候，情緒一定很殷切，方法亦必望輕切實，若一切都是外来的力量，外来的人物，那就变成一種被動的運動，非但不易徹底，且会引起猜疑誤会。但是在初期的時候，边民当然不能担任全部這類的工作，我們應当選派富有同情心犧牲心及服務經驗的人士，前往主持一切，学習他們的方言，參加他們的共同的生活，同时尽量提携当地有力有志的人们，给他们以技术上方法上的训练，先从助理次要工作做起，一直培植他们使他们能够自发自动担任重要工作为最后目标。于必要时派送少数聪颖有为的青年出外深造，以回乡服务为条件。当地上年长的有力份子，遇有机会设法使其出外观摩，对于社区改革上亦能莫大的裨益。

也自是说是一件十分高尚的事，以上所述，不过是几条原则，藉供主持边政者一种参考罢了。

图书在版编目（CIP）数据

中央民族大学博物馆藏珍稀手稿丛刊 .1，麽些族的生活 / 中央民族大学民族博物馆编 . —北京 ：学苑出版社，2017.12

ISBN 978-7-5077-5405-6

Ⅰ . ①中… Ⅱ . ①中… Ⅲ . ①民族学－研究－中国－丛刊 Ⅳ . ① C955.2-55

中国版本图书馆 CIP 数据核字 (2017) 第 321112 号

出 版 人：孟　白
责任编辑：洪文雄
出版发行：学苑出版社
社　　址：北京市丰台区南方庄 2 号院 1 号楼
邮政编码：100079
网　　址：www.book001.com
电子信箱：xueyuanpress@163.com
联系电话：010-67601101（销售部）67603091（总编室）
印 刷 厂：三河市灵山红旗印刷厂
开本尺寸：787×1092　1/16
印　　张：14.5
字　　数：246 千字
版　　次：2018 年 1 月北京第 1 版
印　　次：2018 年 1 月第 1 次印刷
定　　价：68.00 元